Herausgeber: Philippe Schuwer, Dan Grisewood
Text: Florence und Pierre-Olivier Wessels
Fachberatung: Dr. Jean-Baptiste Carlander
Redaktionsleitung: Véronique Herbold
Künstlerische Leitung: Gérard Finel mit Hilfe
von Martine Pfeiffer
Illustrationen: Denise Bazin, Danièle Schulthess,
Michèle Trumel
Herstellung: Annie Botrel
Übersetzung aus dem Französischen: Elena Wassmann

MEIN ARENA KINDERWISSEN

Die Originalausgabe erschien unter dem Titel
»Le corps« in der Reihe
»MA PREMIÈRE ENCYCLOPÉDIE« bei
© Larousse-Bordas 1997

In neuer Rechtschreibung

1. Auflage 2003
© für die deutsche Ausgabe
by Arena Verlag GmbH, Würzburg 2003
Alle Rechte vorbehalten
ISBN 3-401-5570-4
Printed in Italy

Mein Körper

Von Kopf bis Fuß

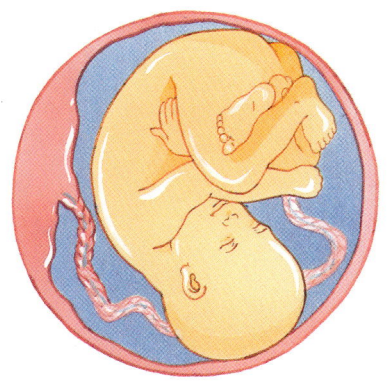

Arena

Inhalt

MEIN KÖRPER

Der menschliche Körper	12
Unterschiede	14
Ähnlichkeiten	16
Ein Körper für alle Fälle	18
Dein Körper geht überall hin	20
Durch die Jahrhunderte	22
Schon gewusst?	24

VON KOPF BIS FUSS

Nackt	26
Die Haut	28
Was ist auf der Haut zu sehen?	30
Haare und Nägel	32
Die Muskeln	34
Das Skelett	36
Knochen und Gelenke	38
Schaltzentrale Gehirn	40
Die anderen Organe	42
Schon gewusst?	44

DIE MENSCHLICHE ENTWICKLUNG

So bist du entstanden	46
Mädchen oder Junge?	48
Die Schwangerschaft	50
Die Geburt	52
Vom Baby zum Kleinkind	54
Vom Kind zum Jugendlichen	56
Das Erwachsenwerden	58
Das Alter	60
Schon gewusst?	62

DIE SINNE

Hören	64
Riechen	66
Tasten	68
Schmecken	70
Sehen	72
Empfindliche Augen	74
Die Stimme	76
Körpersprache	78
Wenn du krank bist	80
Der Körper erinnert sich	82
Schon gewusst?	84

SO FUNKTIONIERT DER KÖRPER

Essen ist lebenswichtig	86
Zähne sind zum Kauen da	88
Zahnpflege	90
Der Blutkreislauf	92
Die Atmung	94
Frau und Mann	96
Körperausscheidungen	98
Das Nervensystem	100
Schon gewusst?	102

ENORM IN FORM!

Schlafen	104
Traum oder Alptraum	106
Sport	108
Gesunde Ernährung	110
Vitamine	112
Körperpflege	114
Kleidung und Aussehen	116
Liebe und Freundschaft	118
Schon gewusst?	120
Von A bis Z	121

Mein Körper

Der menschliche Körper

Auf der Erde leben Milliarden von Menschen. Wir alle haben einen Körper, der nach demselben Modell gebaut ist.

Der Körperbau unterscheidet uns Menschen von Tieren, Pflanzen und Gegenständen. Durch ihn können wir aufrecht gehen. Obwohl sich alle menschlichen Körper ähneln, ist jeder Mensch einzigartig!

 Unterschiede

Nicht alle Menschen sehen gleich aus.
Sie unterscheiden sich in Geschlecht, Größe,
Gewicht, Haut- oder Haarfarbe.

Hinzu kommen viele andere Merkmale, die einen Menschen unverwechselbar machen: die Form der Nase, des Kinns, der Lippen, Ohren und Augen ebenso wie die Art, sich zu bewegen, zu reden oder zu laufen.

 # Ähnlichkeiten

Manche Menschen sehen sich ähnlich. Besonders in der Familie ist die Ähnlichkeit oft nicht zu übersehen.

Zwillinge sehen fast gleich aus. Man kann sie nur unterscheiden, wenn man sie sehr gut kennt oder genau betrachtet.

Der Stammbaum zeigt eine Familie über drei Generationen.

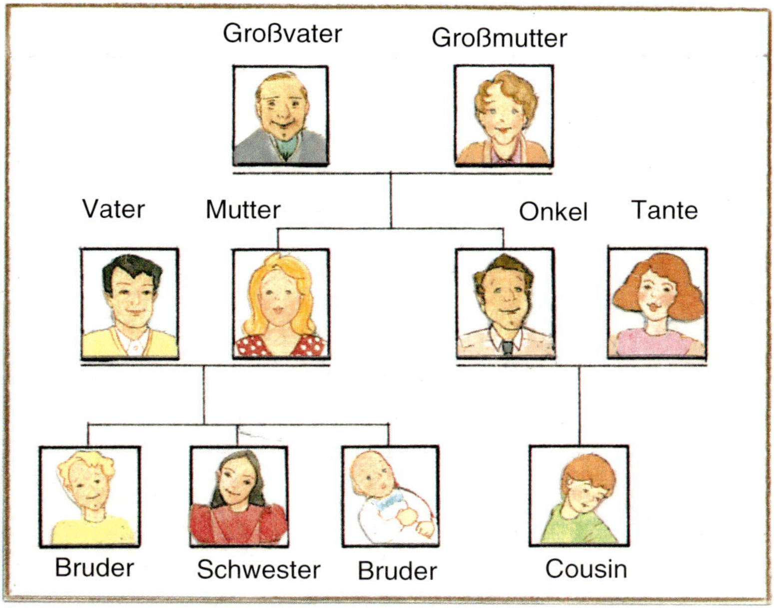

Großvater   Großmutter

Vater   Mutter   Onkel   Tante

Bruder   Schwester   Bruder   Cousin

Ein Körper für alle Fälle

Der menschliche Körper ist komplizierter als jede Maschine. Dank ihm kannst du lachen, weinen, sprechen, laufen, springen ...

. . . lesen, denken, jemanden lieb haben, spielen, arbeiten und ausruhen. Allein oder in der Gruppe – dein Körper ist immer in Aktion!

Dein Körper geht überall hin

Menschen sind neugierig und wollen die Welt erkunden.

Ihre Erfindungen tragen sie weit. Sie erkunden den Weltraum und die Meerestiefen.

Fast überall auf der Erde leben Menschen. Sie leben im Dschungel, in der Großstadt, in den Sandwüsten und im Ewigen Eis. Ihr Körper hat sich den jeweiligen Lebensbedingungen angepasst.

Durch die Jahrhunderte

Die Geschichte der Menschen begann
vor 3,5 Millionen Jahren.

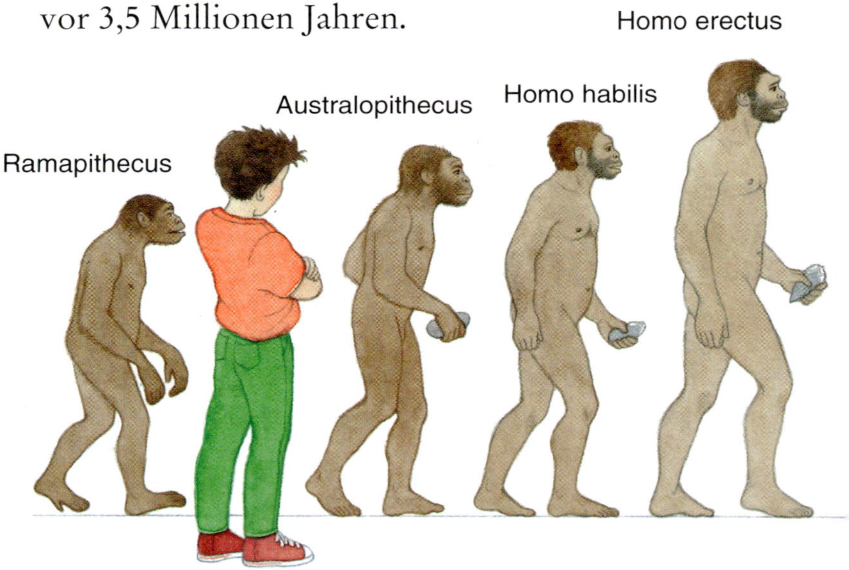

Homo erectus

Australopithecus   Homo habilis

Ramapithecus

Von den ersten Menschen bis heute veränderte sich
der Körper nur langsam.
Forschung und
Wissenschaft haben viel
dazu beigetragen, die
Entwicklung des
menschlichen Körpers
nachzuzeichnen.

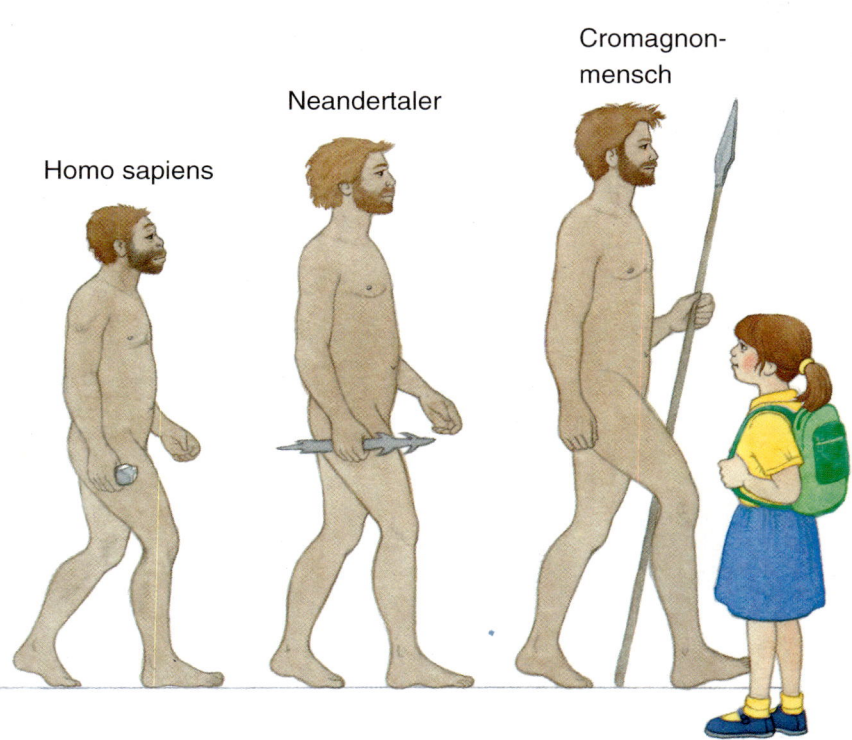

Heute ist ein achtjähriges Kind genauso groß wie vor Urzeiten ein erwachsener Australopithecus!

Es weiß mehr und lebt unter besseren Bedingungen als die ersten Menschen.
Auch wird es drei- bis viermal älter als ein Mensch der Vorzeit.

Schon gewusst?

Unser Körper besteht aus Millionen winziger lebender Bausteine: den Zellen.

Der Mensch zählt wie Katze oder Wal zu den Säugetieren. In den Brüsten der Mutter entsteht Milch, von der sich die Babys ernähren.

Manche Menschen sehen sich sehr ähnlich, ohne dass sie Zwillinge sind. Man spricht dann von Doppelgängern.

Die Wissenschaft, die sich mit den Erbanlagen der Menschen beschäftigt, heißt Genetik.

Von Kopf

bis Fuß

 Nackt

Jeden Tag ziehst du dich zum Duschen oder Baden nackt aus.

Dein Körper besteht aus einem Kopf, einem Rumpf, zwei Armen und zwei Beinen.

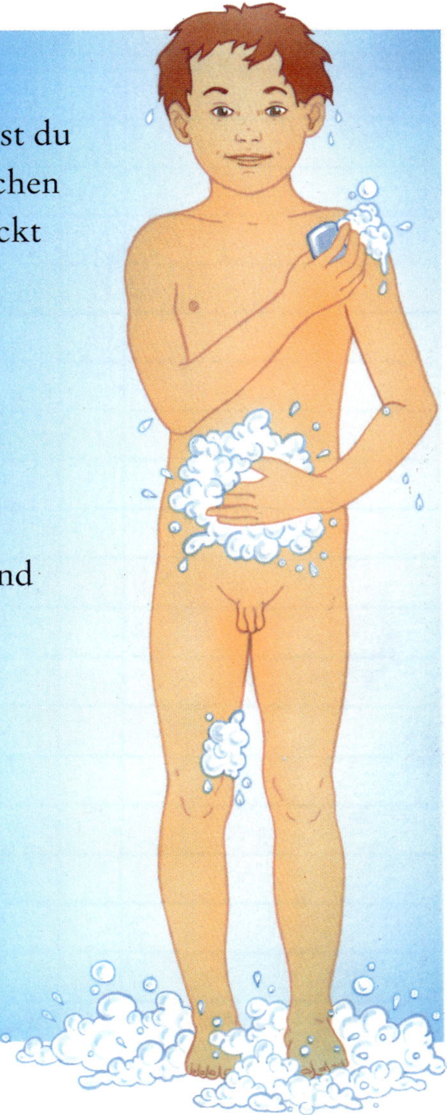

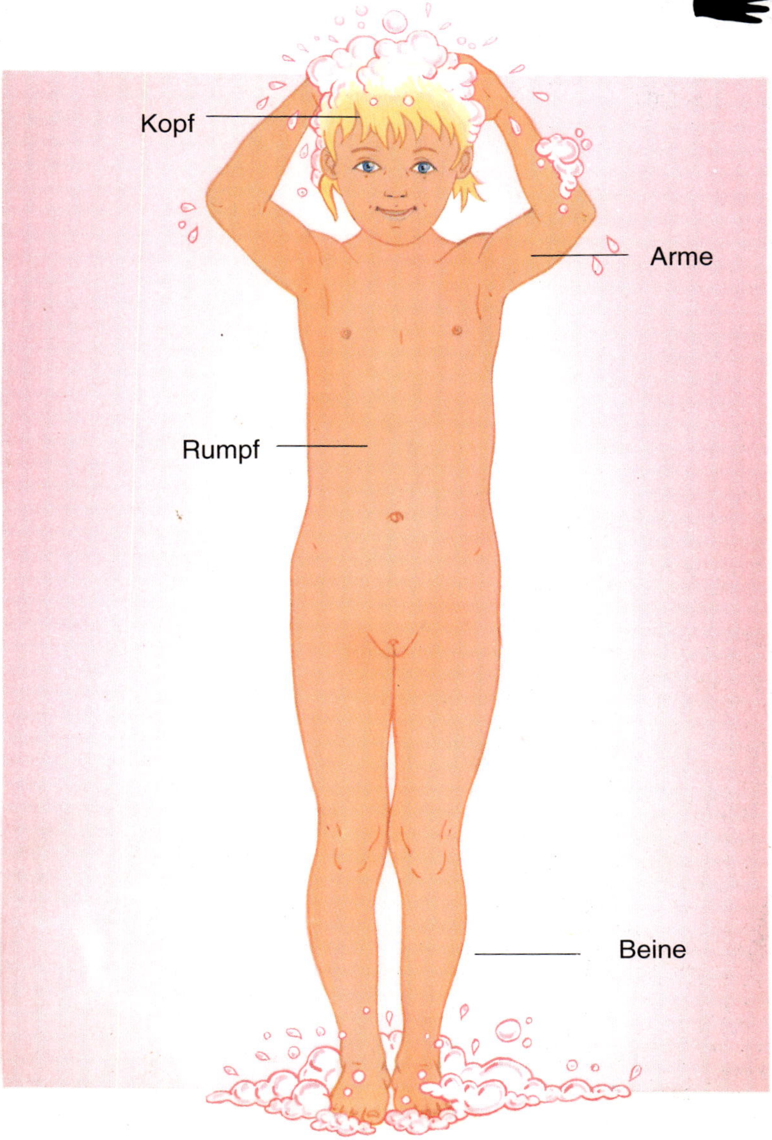

Kopf

Arme

Rumpf

Beine

👈 Die Haut

Die Haut bedeckt den ganzen Körper.

Sie schützt den Körper
vor Verletzungen und
Krankheitserregern.

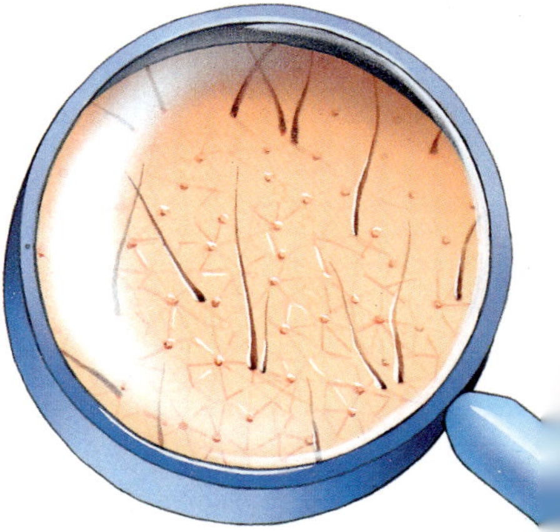

Sie reagiert empfindlich
auf Sonne. Creme
schützt sie vor
Sonnenbrand.

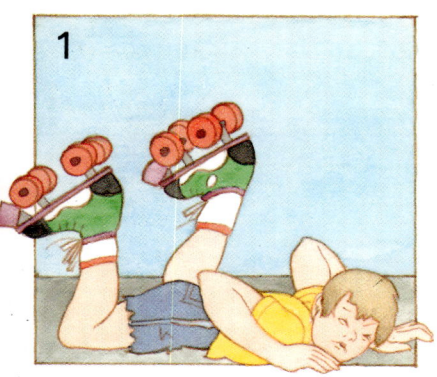
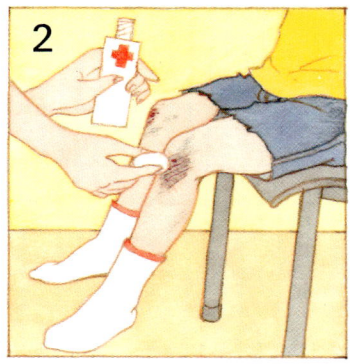

Wenn du dich verletzt, blutest du.
Dann muss die Wunde desinfiziert
werden.
Der Schorf, der sich auf der Wunde bildet,
fällt nach einigen Tagen ab. Darunter kommt
neue rosa Haut zum Vorschein.

Was ist auf der Haut zu sehen?

Hellhäutige Menschen bekommen manchmal Sommersprossen. Sie entstehen durch die Sonne.

Leberflecke sind dunkle Punkte auf der Haut. Du darfst sie nicht aufkratzen!

Gefühle können dein Gesicht erröten oder erblassen lassen.

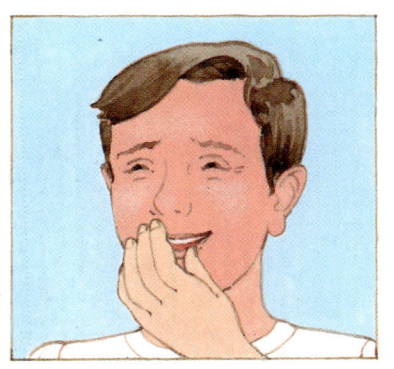

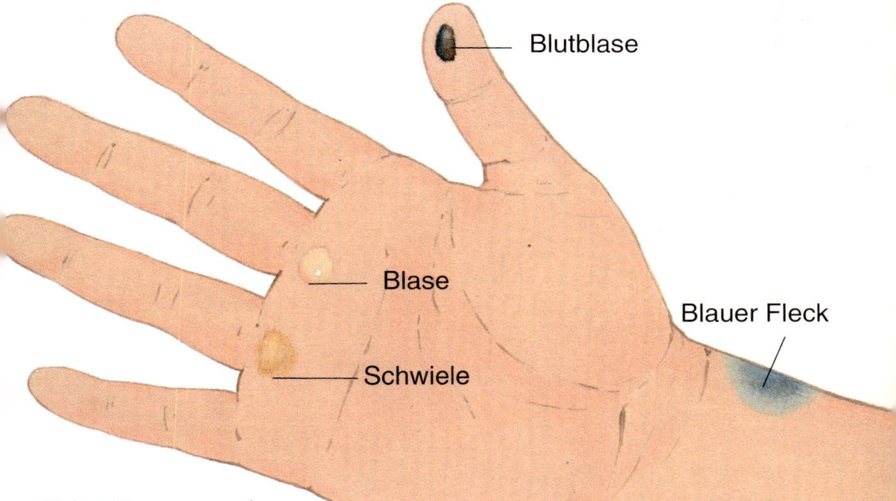

Die Haut reagiert
unterschiedlich auf Verletzungen.
Stößt du dich, gibt es blaue Flecken.
Bei Verbrennung oder Quetschung entstehen Blasen.

Jeder Mensch hat andere Fingerabdrücke: Sie sind
wellen-, kreis oder spiralförmig.

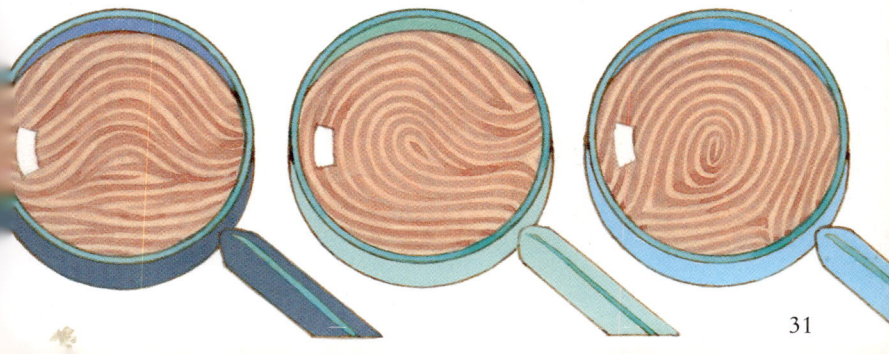

Haare und Nägel

Feine Härchen bedecken einen Großteil des menschlichen Körpers.

Wenn du frierst oder dich fürchtest, richten die Härchen sich auf. Du bekommst eine Gänsehaut! Ein kleiner Muskel an der Haarwurzel bringt die Haare zum Stehen.

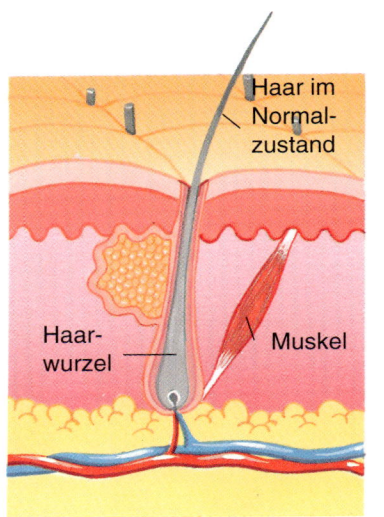

Haar im Normalzustand
Haarwurzel
Muskel

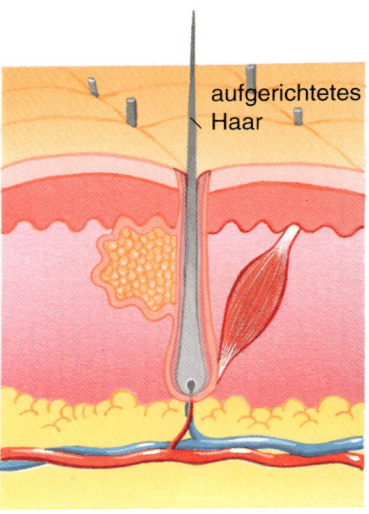

aufgerichtetes Haar

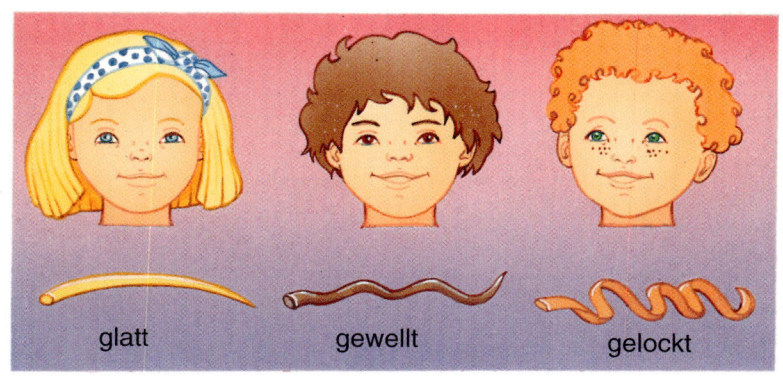

Je nach Erbanlage, die man von seinen Eltern hat, sind die Haare glatt, wellig oder lockig.
Die Nägel schützen die empfindlichen Spitzen von Fingern und Zehen. Sie bestehen genauso wie unsere Haare aus Keratin, einer Art Horn.

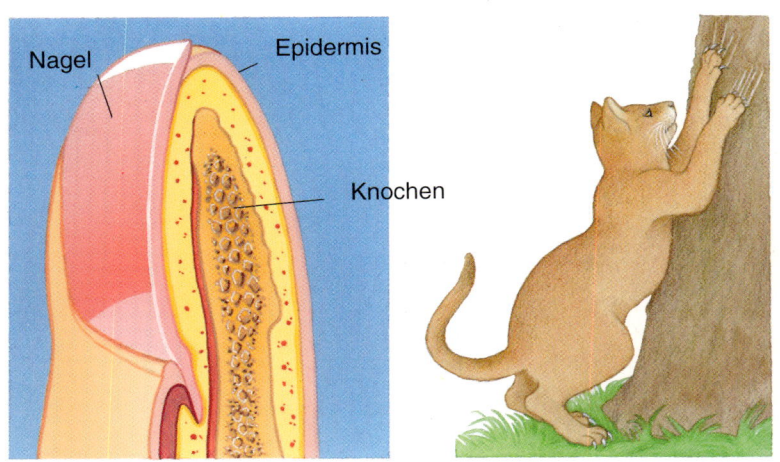

 Die Muskeln

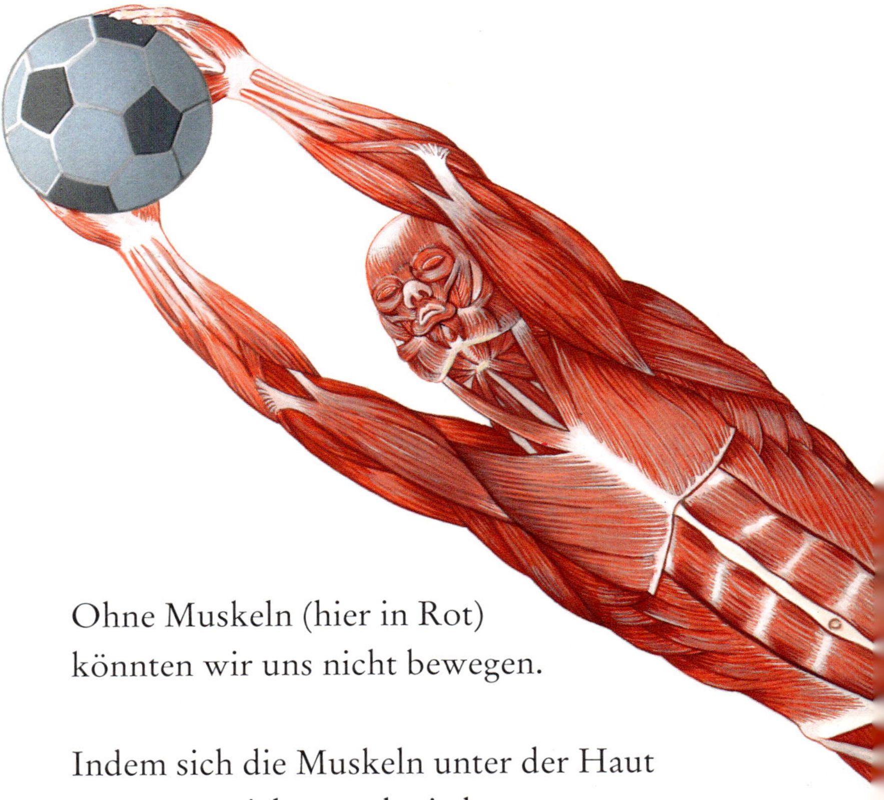

Ohne Muskeln (hier in Rot)
könnten wir uns nicht bewegen.

Indem sich die Muskeln unter der Haut
zusammenziehen und wieder entspannen,
setzen sie die Knochen in Bewegung.

Unser Körper besteht aus über 650 Muskeln
von unterschiedlicher Form und Größe.

 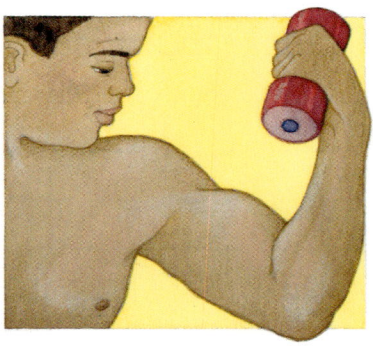

Durch regelmäßiges Training bilden sich die Muskeln stärker aus. Das sieht man z. B. bei Sportlern.

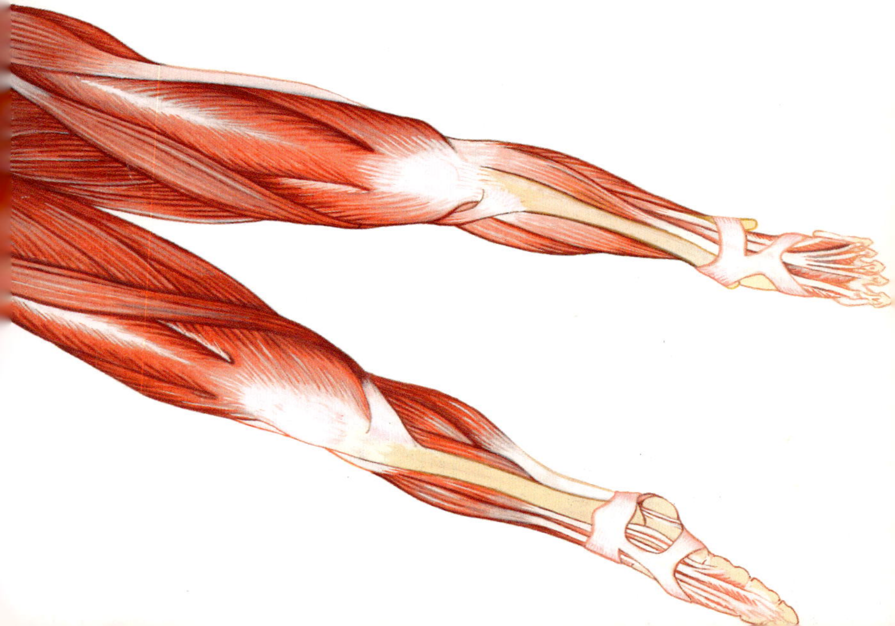

👆 Das Skelett

Über 200 Knochen stützen den Körper und schützen die Organe.

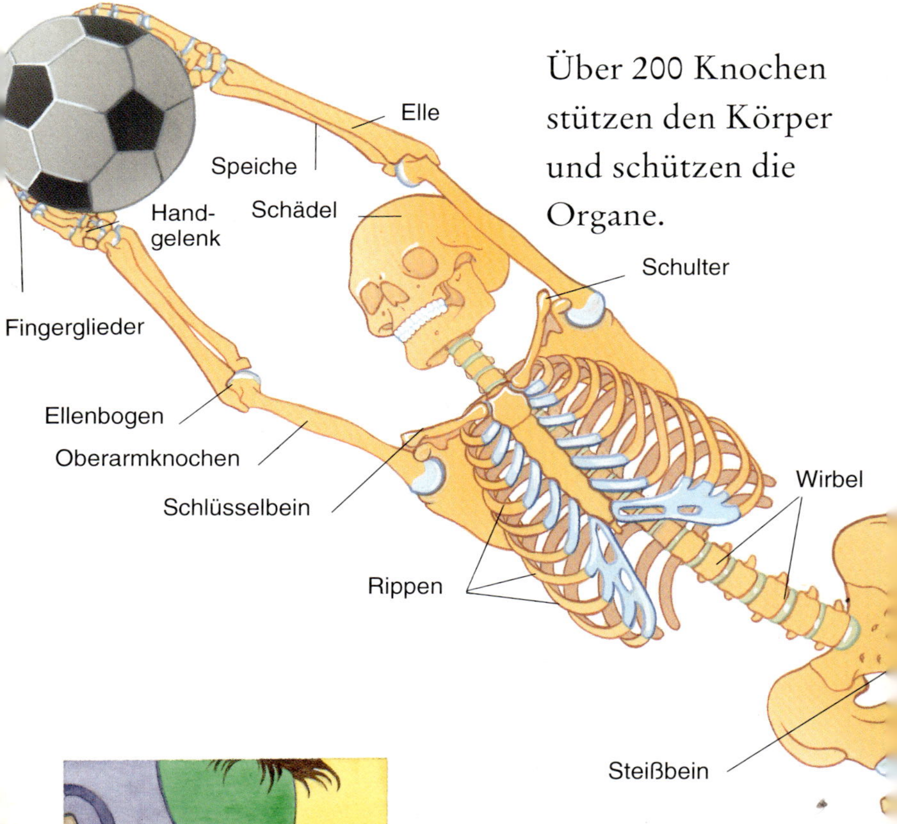

- Elle
- Speiche
- Handgelenk
- Schädel
- Fingerglieder
- Schulter
- Ellenbogen
- Oberarmknochen
- Schlüsselbein
- Wirbel
- Rippen
- Steißbein

Die Nase besteht nicht aus Knochen. Das Nasenbein ist ein Knorpel, der mit dem Schädel verbunden ist.

Wenn du wächst, wachsen auch deine Knochen mit. Erst, wenn du erwachsen bist, hören sie auf zu wachsen.

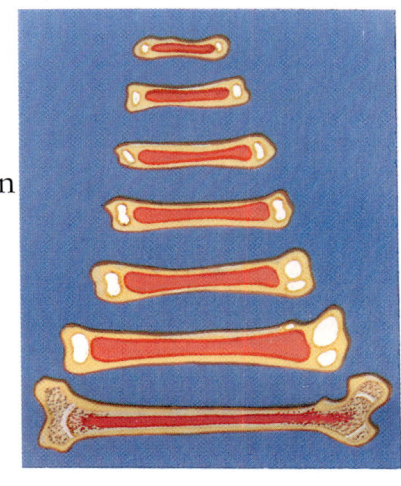

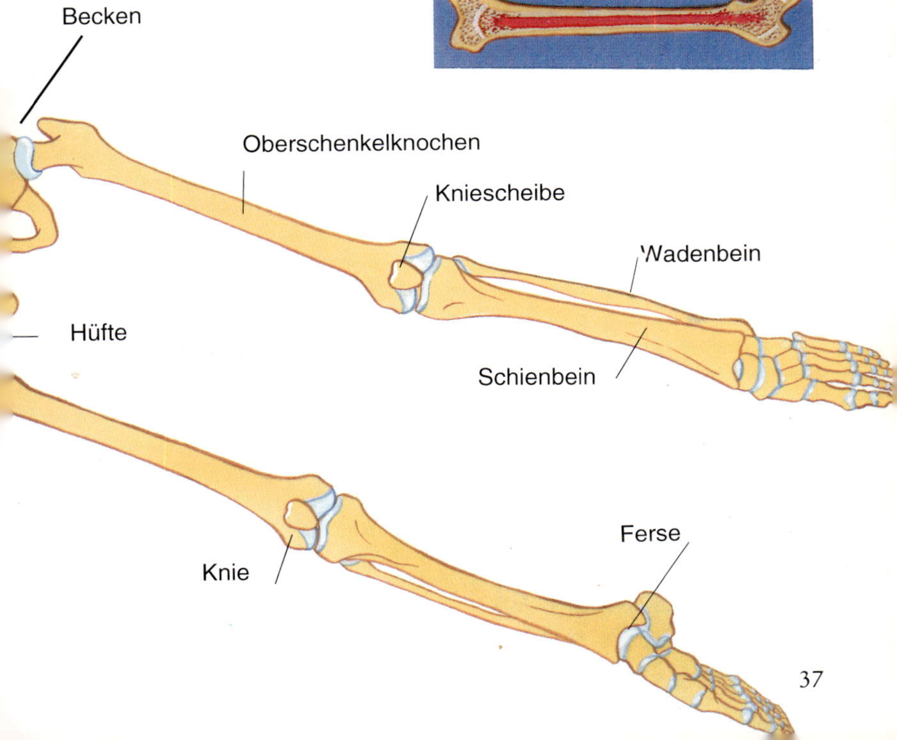

Becken

Oberschenkelknochen

Kniescheibe

Wadenbein

Hüfte

Schienbein

Ferse

Knie

Knochen und Gelenke

Knochen sind durch Gelenke miteinander verbunden. Knie, Wirbelgelenk, Schultern und Ellenbogen sind wichtige Gelenke.

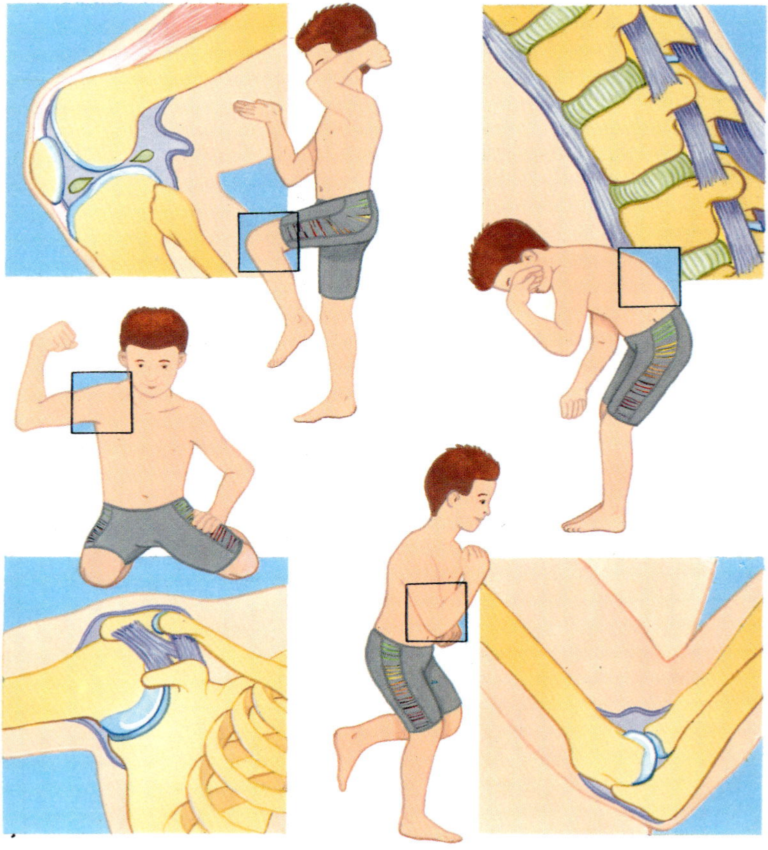

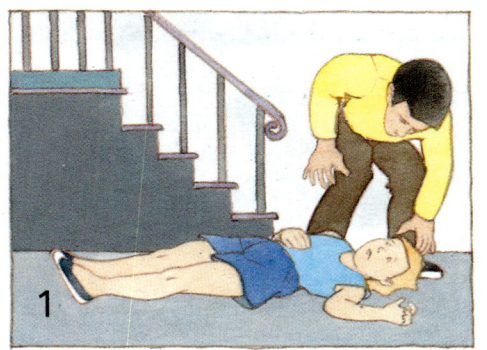
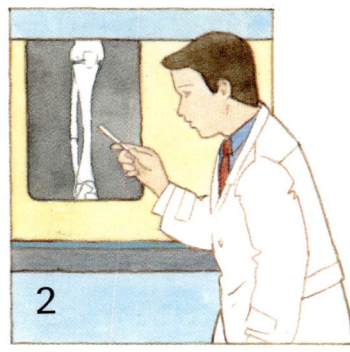
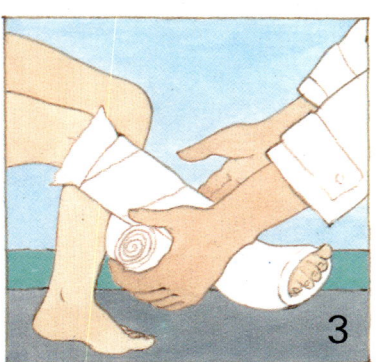
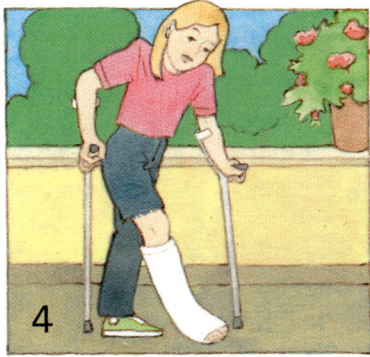

Knochen halten viel aus. Dennoch können sie bei einem Sturz brechen. Auf dem Röntgenbild sieht der Arzt die Bruchstelle. Er schient das gebrochene Bein für einige Wochen mit einem Gipsverband, damit die Knochen wieder zusammenwachsen.

 Schaltzentrale Gehirn

Das Gehirn steuert die
Bewegungen des Körpers.
Dank seiner erfreuen
wir uns an Siegen
und erinnern uns
an erste
Lernschritte.

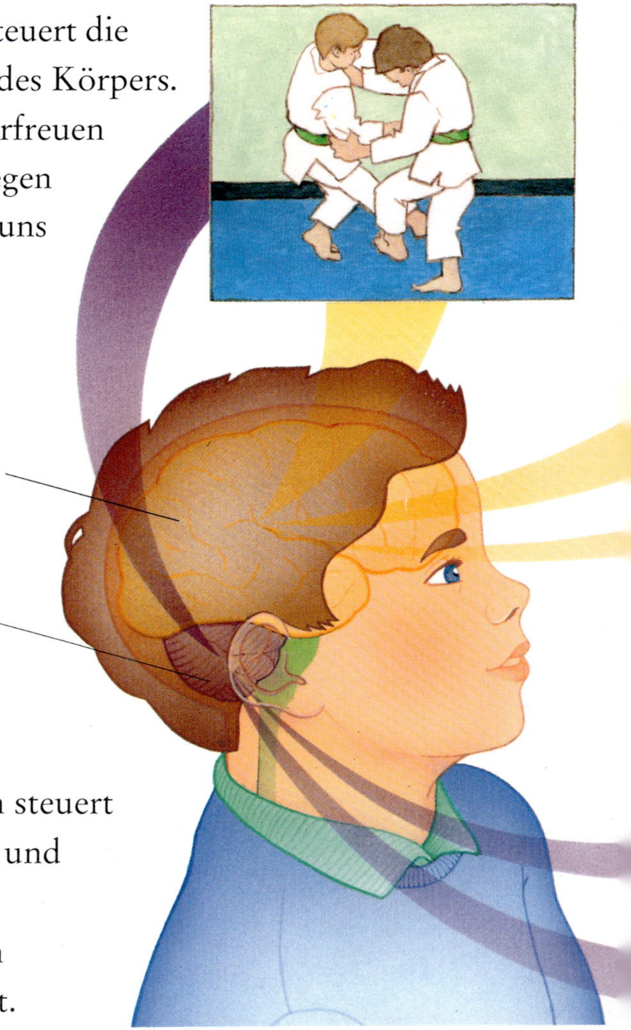

Großhirn

Kleinhirn

Das Kleinhirn steuert
die Gebärden und
das Laufen.
Es hält uns im
Gleichgewicht.

41

Die anderen Organe

Einige Organe arbeiten rund um die Uhr. Sie erhalten uns Menschen am Leben, indem sie den Körper mit Nahrung und Sauerstoff versorgen und Schadstoffe ausscheiden.

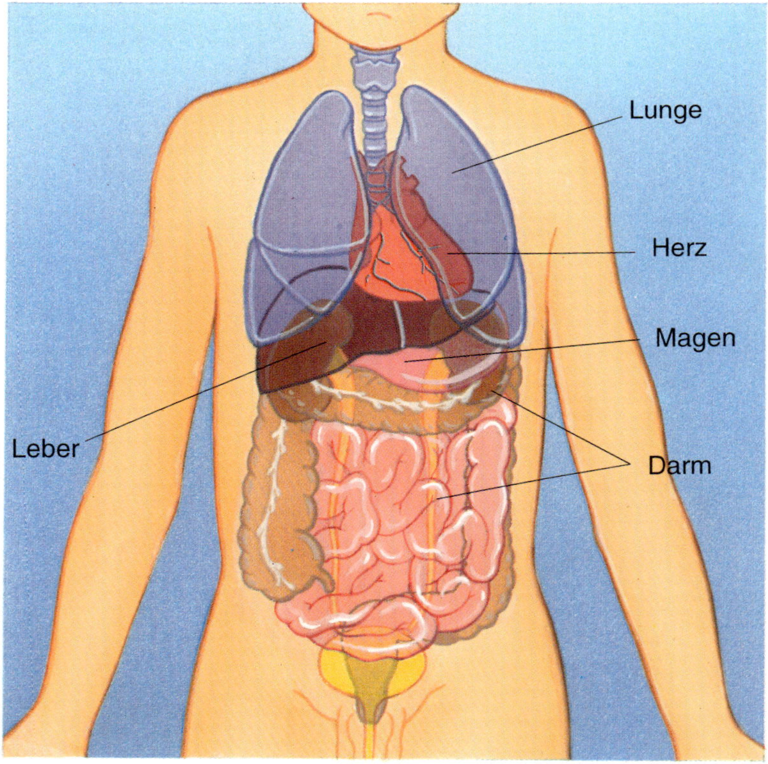

- Lunge
- Herz
- Magen
- Leber
- Darm

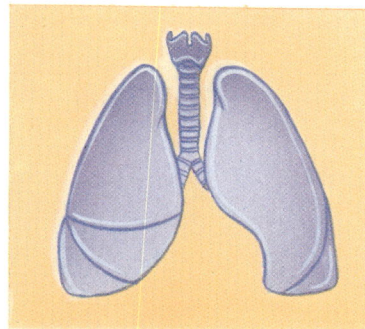

In den Lungen nimmt das Blut Sauerstoff auf.

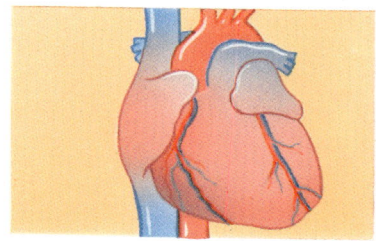

Das Herz ist ein Muskel. Es pumpt das Blut durch den Körper.

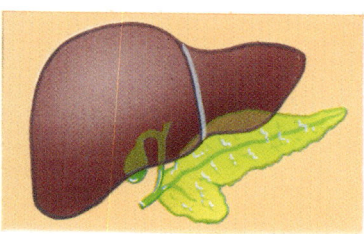

In der Leber entsteht Galle. Sie hilft bei der Verdauung von Fett.

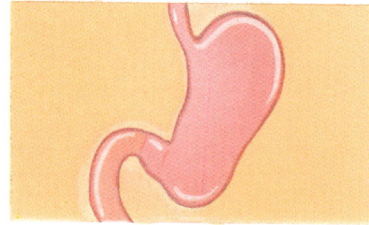

Im Magen wird die Nahrung zu Brei zersetzt.

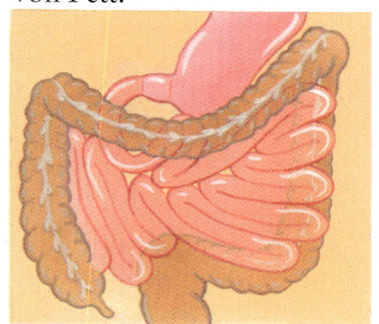

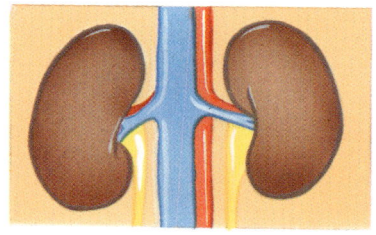

Die Nieren filtern Abfallstoffe aus dem Blut und scheiden sie als Urin aus.

Vom Dünndarm gelangen Nährstoffe ins Blut.

Schon gewusst?

👋 Für ein Lächeln setzen wir 15 Muskeln in Bewegung, für einen einzigen Schritt sogar über 200!

👋 Der menschliche Körper besitzt Reste eines Schwanzes: das Steißbein. Es sitzt am Ende der Wirbelsäule.

👋 Neugeborene haben 300 Knochen, Erwachsene nur 208. Das liegt daran, dass einige Knochen im Laufe der Zeit zusammenwachsen.

👋 Dank den Fortschritten in der Medizin kann man heute kranke Organe ersetzen.

Die menschliche

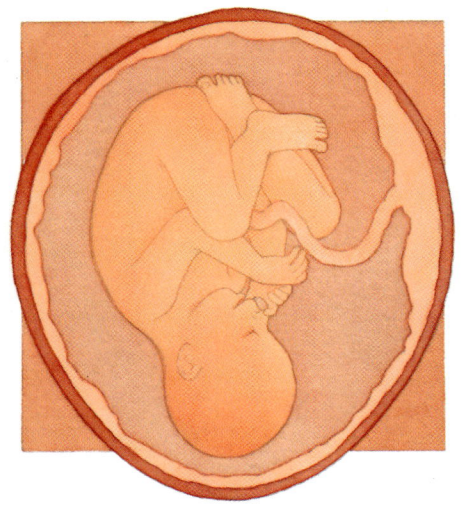

Entwicklung

 # So bist du entstanden

Um ein Kind zu zeugen, haben ein Mann und eine Frau, die sich sehr lieb haben, zusammen Geschlechtsverkehr.

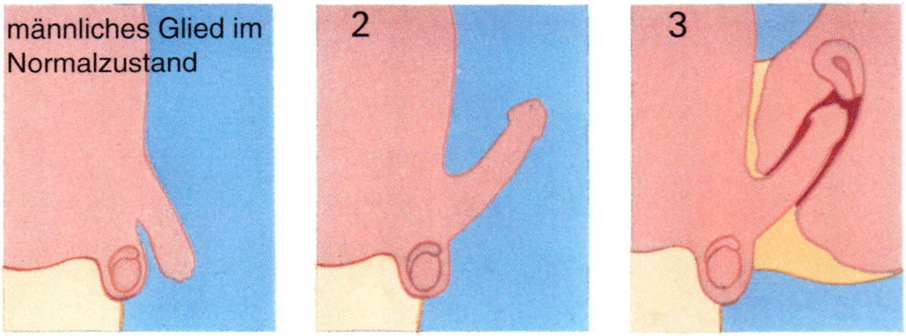

männliches Glied im Normalzustand

2

3

Dabei wird das Glied des Mannes steif und richtet sich auf (2). Er dringt damit sanft ins weibliche Geschlechtsteil, die Scheide, ein (3). Das Glied gibt die Samenflüssigkeit ab.

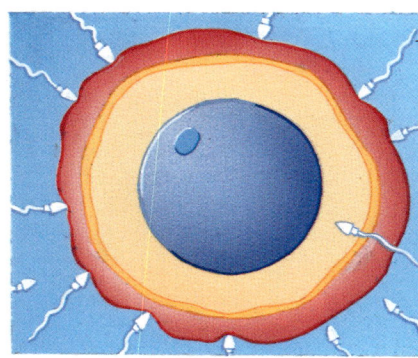

—— Samenfaden

Die Samenflüssigkeit enthält Millionen von Samenfäden, die auch Spermien heißen. Meistens befruchtet nur ein Spermium die reife Eizelle der Frau.

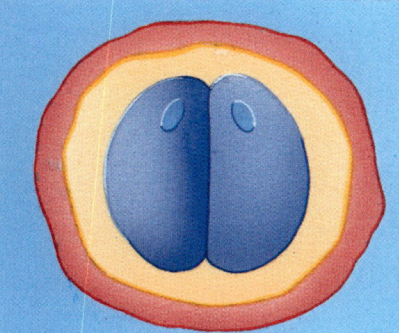

Eizelle und Spermium vereinigen sich und bilden die erste Zelle des neuen Lebens. Diese teilt sich erst in zwei Zellen, dann in vier ... und wächst so immer weiter.

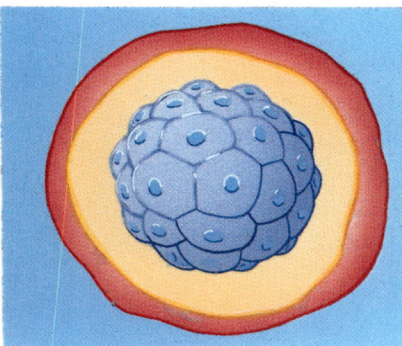

Die befruchtete Eizelle setzt sich in Mamas Bauch, in der Gebärmutter, fest und entwickelt sich dort in neun Monaten zu einem fertigen Baby.

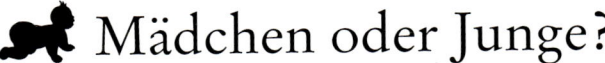 Mädchen oder Junge?

Ob das Baby ein Junge oder Mädchen wird, hängt vom Zufall ab. Schwangere gehen regelmäßig zum Frauenarzt.

Die Ultraschalluntersuchung zeigt, ob es dem Baby im Bauch der Mutter gut geht.

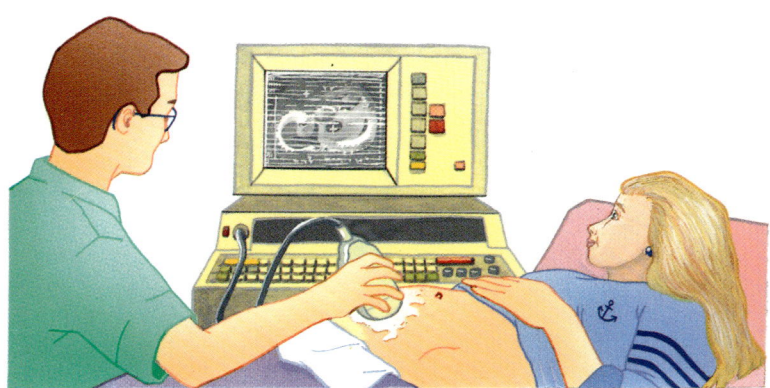

Mit dieser Untersuchung kann der Arzt schon bald das Geschlecht des Babys bestimmen.

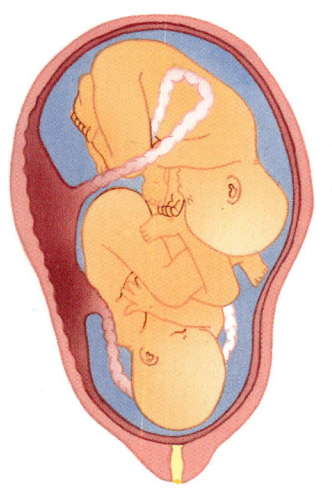

Manchmal entstehen aus einer Eizelle zwei Babys gleichen Geschlechts: eineiige Zwillinge . . .

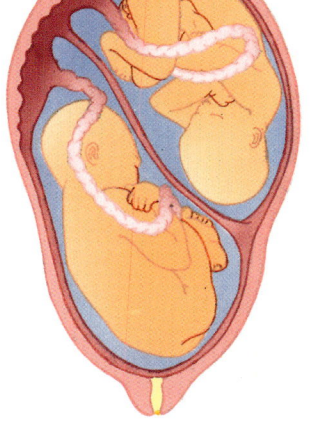

. . . oder es wachsen zweieiige Zwillinge aus verschiedenen Eizellen heran.

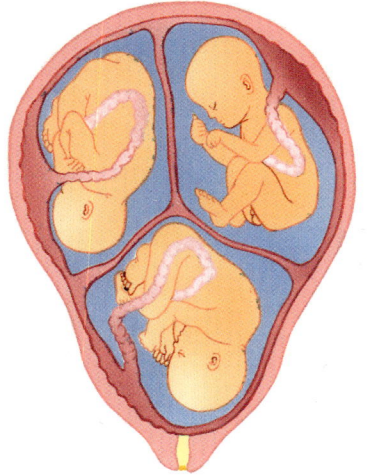

Ganz selten sind Drillinge, Vierlinge oder mehr. Sie können gleichen oder verschiedenen Geschlechts sein und sich ähnlich sehen oder auch nicht.

 Die Schwangerschaft

Die Schwangerschaft dauert neun Monate.
Die Eizelle schwimmt im Fruchtwasser und wird
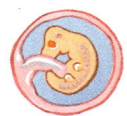 über die Nabelschnur ernährt.

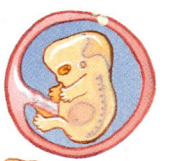 Im 1. Monat ist der Embryo nur erbsengroß.
Sein Herz schlägt schon.

Im 3. Monat ist bereits das Baby
erkennbar. Man spricht vom Fötus.

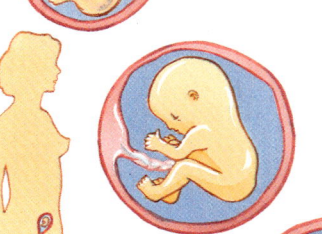 Im 4. Monat schläft es viel.

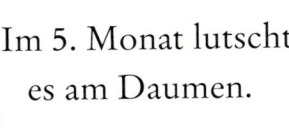 Im 5. Monat lutscht
es am Daumen.

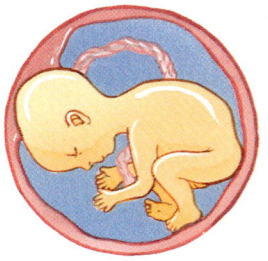

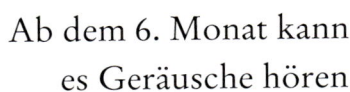 Ab dem 6. Monat kann
es Geräusche hören.

Nach 9 Monaten kommt es zur Welt.

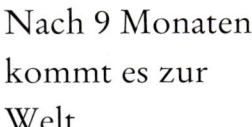

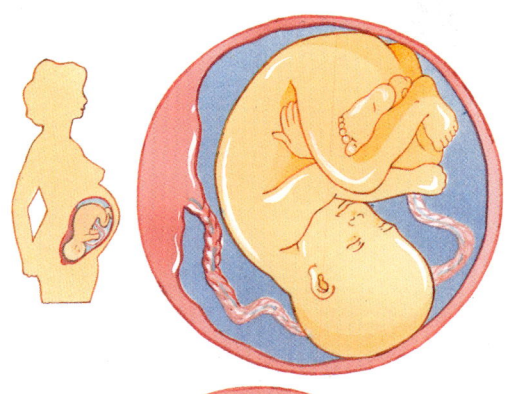

Vor der Geburt dreht sich das Baby mit dem Kopf nach unten.

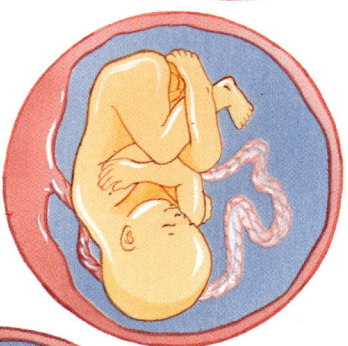

Mit 8 Monaten kann es schmecken.

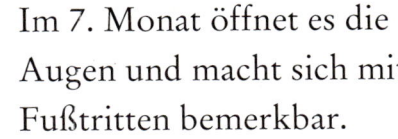

Im 7. Monat öffnet es die Augen und macht sich mit Fußtritten bemerkbar.

Die Geburt

Kurz vor der Geburt setzen die Wehen ein. Das sind Muskelkrämpfe in Mamas Bauch.
Mama muss in die Entbindungsstation ins Krankenhaus.
Durch die Wehen wird das Baby mit dem Kopf voraus nach draußen gepresst.

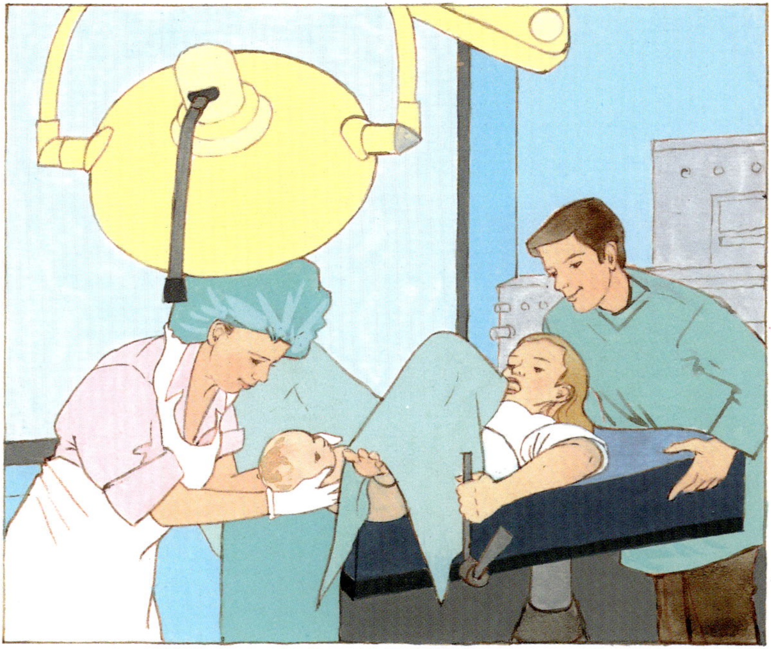

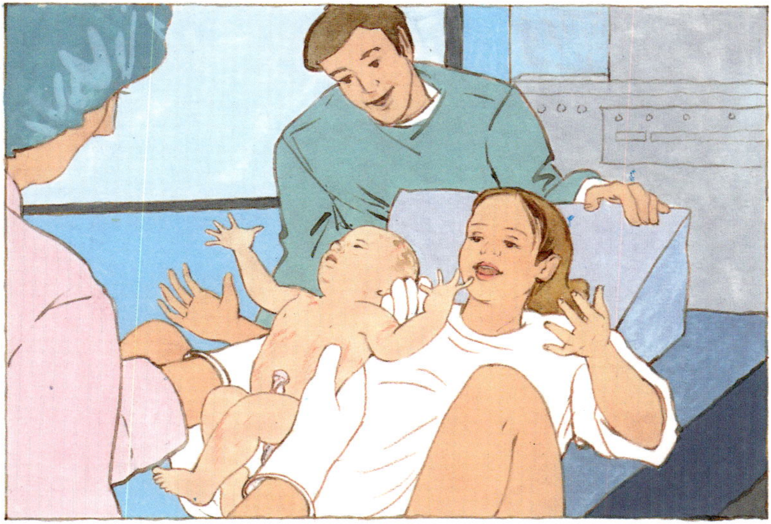

Ein Arzt oder eine Hebamme helfen bei der
Geburt. Mit dem ersten Schrei weiten sich die
Lungen: Das Baby atmet. Die Nabelschnur wird
nicht mehr gebraucht und abgeschnitten.

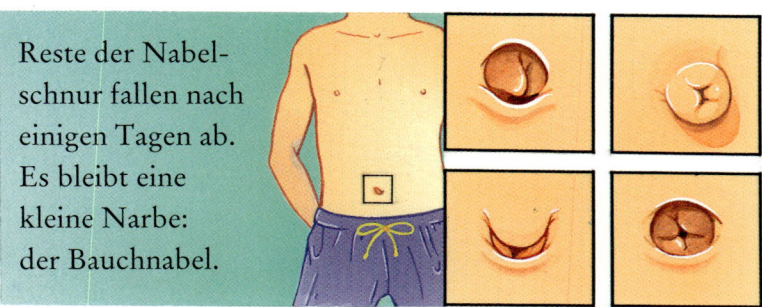

Reste der Nabel-
schnur fallen nach
einigen Tagen ab.
Es bleibt eine
kleine Narbe:
der Bauchnabel.

# Vom Baby zum Kleinkind

Ein Neugeborenes braucht viel Liebe und Aufmerksamkeit.

Es schläft viel. Wenn es Hunger hat, schreit es: Die Mutter stillt es oder gibt ihm ein Fläschchen.

Das Baby erkennt seine Eltern an ihrem Geruch und ihrer Stimme.

Bald erkennt das Baby, was um es herum passiert. Es lächelt. Es muss gebadet und gewickelt werden.

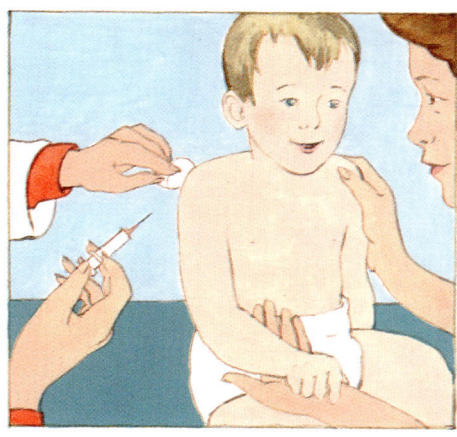

Impfungen schützen es vor vielen Krankheiten.

Vom Kind zum Jugendlichen

Das Baby wächst und lernt immer mehr dazu.

Es lernt, zu sitzen,

zu laufen,

zu essen . . .

Die Welt wartet nur darauf, entdeckt zu werden!
Das Kind entwickelt sich beim Spielen, in der
Schule und beim Sport weiter.
Es lernt von anderen. Es wird zu einer
eigenständigen Person.

Das Erwachsenwerden

Zwischen zwölf und 16 Jahren kommen Kinder in die Pubertät: Die Mädchen bekommen weibliche Formen und ihre Monatsblutung, die Jungen eine tiefe Stimme und Bartwuchs.

Wenn der Körper ausgewachsen ist, sind aus den Jugendlichen Erwachsene geworden. Sie beginnen zu arbeiten. Sie verlieben sich und gründen eine eigene Familie.

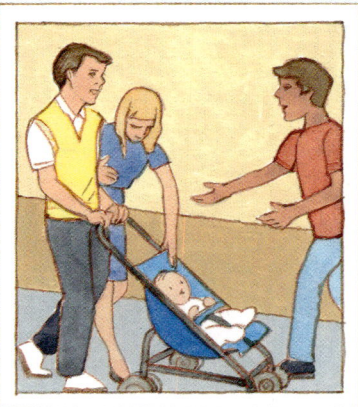

 Das Alter

Junge Erwachsene sind geistig und körperlich besonders fit.

Je älter man wird, umso stärker lassen die Körperkräfte nach. Alte Leute werden schneller müde und sind öfter krank.
Stirbt ein Mensch, lebt er in der Erinnerung seiner Freunde und seiner Familie weiter.

Schon gewusst?

Zwischen sieben und neun Jahren haben Kinder bereits drei Viertel ihrer künftigen Körpergröße erreicht.

Wer lebt länger? Der Hund, der Mensch oder der Elefant? Der Mensch!

Das Gehirn des Fötus bildet sich bereits zwischen der zweiten und elften Schwangerschaftswoche aus.

Fingernägel wachsen im Durchschnitt einen Millimeter pro Woche. Fußnägel wachsen nur halb so schnell.

Die Sinne

👁 Hören

Mit den Ohren hören wir ständig Geräusche – hohe und tiefe, leise und laute. Sie liefern uns Informationen über unsere Umwelt. Manche Gefahren hörst du, bevor du sie siehst.

Die Ohrmuschel fängt Geräusche auf, die als Schallwellen das Trommelfell zum Schwingen bringen.

Über die Gehörknöchelchen leitet ein Nerv die Töne ans Gehirn weiter.

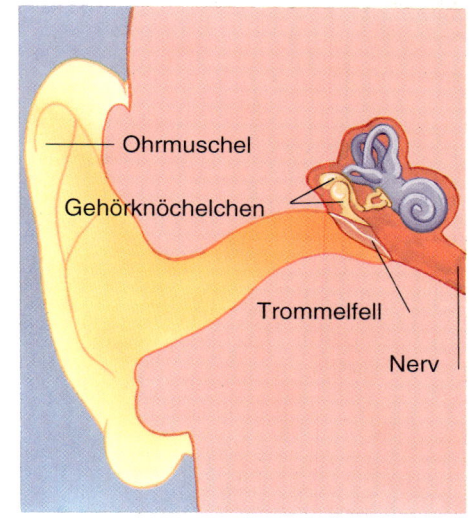

Sehr laute Musik schadet den Ohren und kann taub machen!

Hörgeräte helfen bei Schwerhörigkeit.

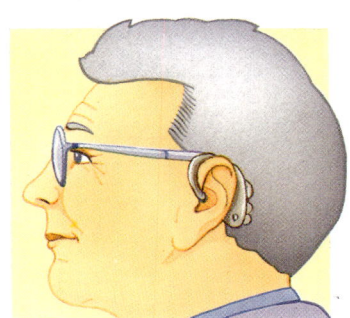

 Riechen

Durch die Nase können wir nicht nur atmen, sondern auch riechen. Der Geruchssinn unterscheidet und erkennt Gerüche wieder. Sie schweben unsichtbar in der Luft und riechen mehr oder weniger gut.

Erreicht ein Geruch den hinteren Bereich der Nase, leiten Nerven die Information ans Gehirn weiter.

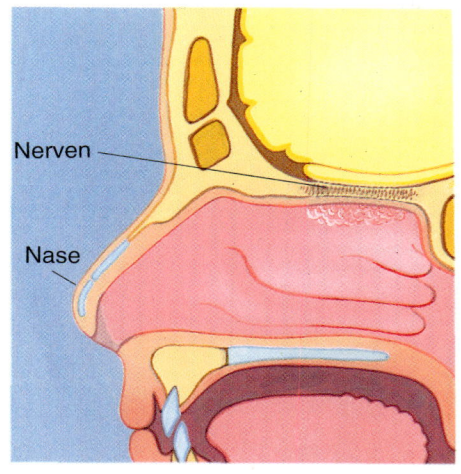

Der Hals-Nasen-Ohren-Arzt hilft bei Hals- und Ohrenschmerzen.

Beim Essen spielen Gerüche eine große Rolle. Schon der Duft deines Lieblingsessens lässt dir das Wasser im Mund zusammenlaufen.

👁 Tasten

Die Haut ist empfindlich. Beim Tasten spürst du die Wärme von heißem Kakao, die Kälte von Eis, den Schmerz eines Dornenstichs oder genießt zärtliches Streicheln.

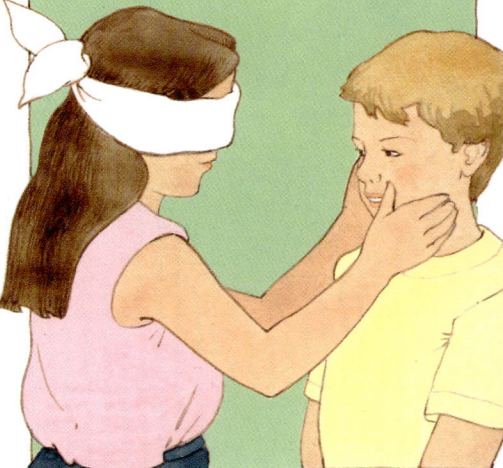

Das Gehirn speichert jede Berührung, die die feinen Nerven unter der Haut weiterleiten.

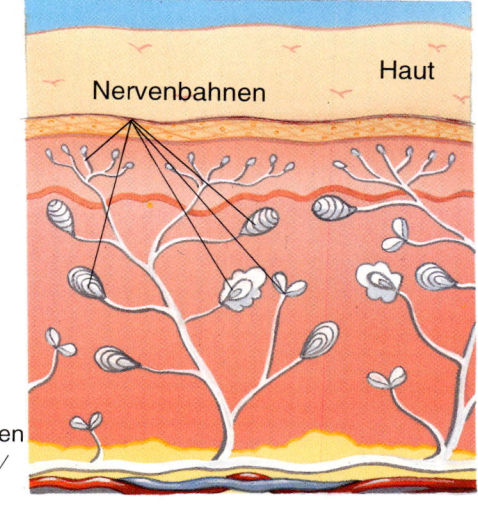

Haut
Nervenbahnen

Blindenschrift lesen

Blindenschrift schreiben

Mit den Fingerspitzen ertasten Blinde die so genannte Brailleschrift.

Klavierspielen erfordert großes Fingerspitzengefühl.

 Schmecken

Die Zunge fühlt Temperatur, Schmerz und Beschaffenheit und erkennt Geschmack.

süß salzig

Sie leitet die Geschmacksreize ans Gehirn weiter, wo sie entschlüsselt werden.

Die Zungenoberseite ist über und über mit Geschmacksknospen bedeckt.

Je nach ihrer Lage auf der Zunge sind die Geschmacksknospen unterschiedlich geformt.

Die Zungenspitze reagiert besonders empfindlich auf Süßes. Deshalb schmeckt Eis noch einmal so gut, wenn du genüsslich mit der Zungenspitze daran leckst.

sauer

bitter

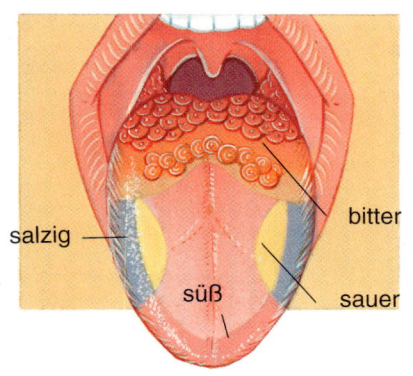

Die Zunge hat spezielle Zonen, um die vier Geschmacksrichtungen süß, salzig, sauer und bitter zu erkennen.

👁 Sehen

Vom ersten Tag an sehen wir mit unseren Augen wie durch eine Kamera unsere Umwelt.

Mit den Augen nimmst du Formen und Farben, Tiefen und Entfernungen wahr – ganz gleich, ob deine Augen braun, grün oder blau sind.

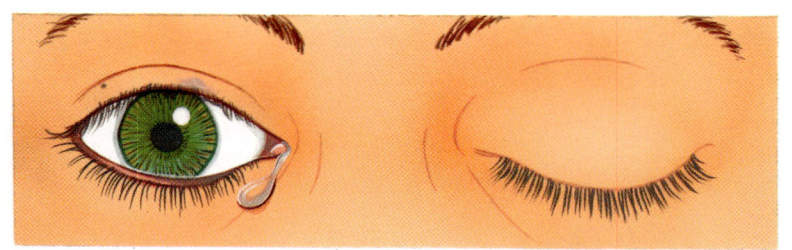

Augen sind sehr empfindlich. Das Lid schützt sie. Tränenflüssigkeit hält sie feucht und sauber.

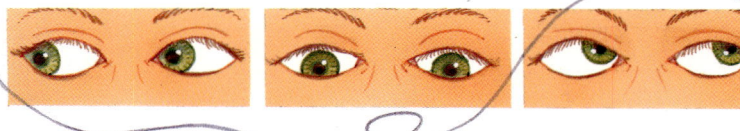

Dank mehrerer Muskeln bewegen sich beide Augen gemeinsam, in alle Richtungen und schnell.

Der runde Augapfel liegt in der Augenhöhle. Durch die Pupille fallen die Bilder auf die Netzhaut und gelangen von dort ins Gehirn.

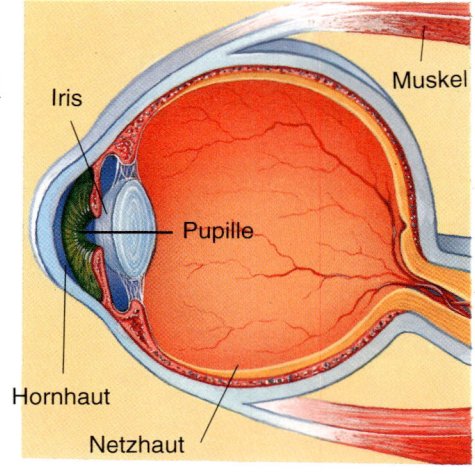

Empfindliche Augen

Das Auge passt sich der Dunkelheit an. Die Iris öffnet sich und die Pupille wird größer, damit mehr Licht einfallen kann.

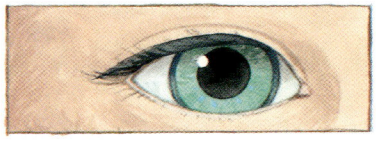 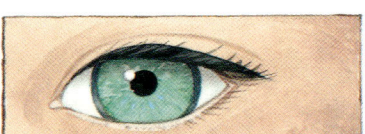

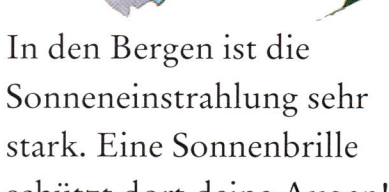

In den Bergen ist die Sonneneinstrahlung sehr stark. Eine Sonnenbrille schützt dort deine Augen!

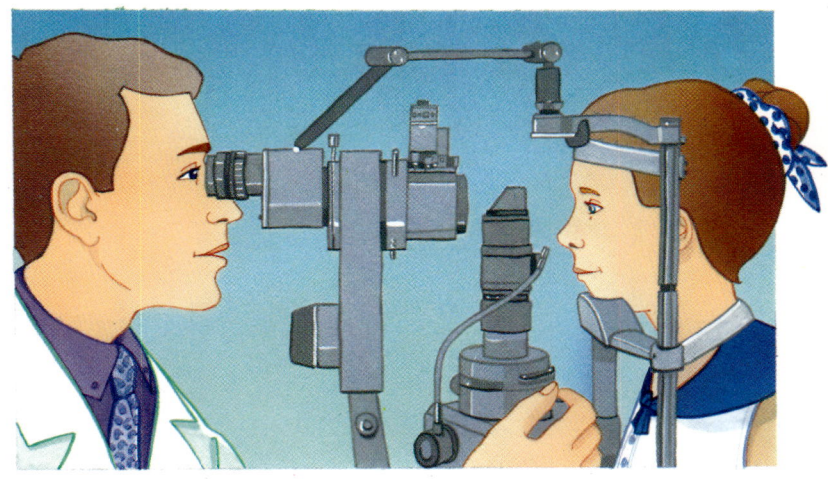

Der Augenarzt untersucht mit einem besonderen Gerät die Augen. Durch die Pupille kontrolliert er die Netzhaut.

Viele Sehfehler lassen sich mit einer Brille oder Kontaktlinsen beheben.

Ein Blindenstock hilft Blinden sich zurechtzufinden.

👁 Die Stimme

Mal ganz hoch, mal richtig tief – die menschliche Stimme steht Musikinstrumenten in nichts nach!

Die Töne, die beim Sprechen, Schreien oder Singen aus dem Mund kommen, entstehen in der Kehle.

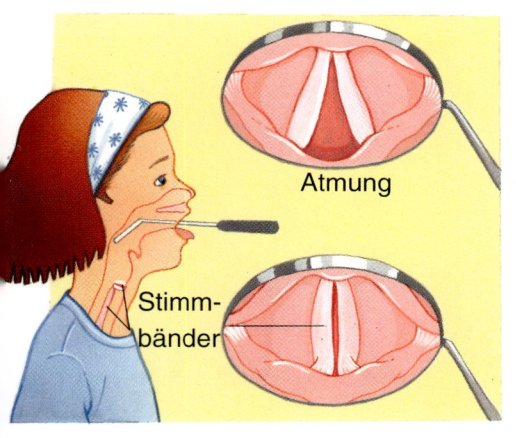

Die Luft, die aus der Lunge strömt, versetzt die Stimmbänder in Schwingung. Das Schwingen erzeugt beim Sprechen Töne: die Stimme.

Wenn du beim Sprechen die Finger an den Kehlkopf legst, kannst du das Schwingen spüren. Dank deiner Stimme kannst du dich mit anderen Menschen unterhalten. Taubstumme benutzen dazu eine Zeichensprache.

👁 Körpersprache

Dein ganzer Körper drückt Gefühle aus.
Dein Gesicht oder deine Körperhaltung
sagen oft mehr als Worte.

Körperhaltung, Gesichtsausdruck oder Gesten verraten viel über einen Menschen. Ein glückliches Kind sieht ganz anders aus als ein Kind, das Kummer hat.

 Wenn du krank bist

Fieber, Husten, Schmerzen oder Ausschlag sind Anzeichen dafür, dass du krank bist. Dein Körper reagiert so auf Viren oder Bakterien.

Während dein Körper sich gegen diese Eindringlinge wehrt, schlägt dein Herz schneller und deine Körpertemperatur steigt. Du hast Fieber.

Der Kinderarzt untersucht dich gründlich und stellt viele Fragen. Nur so kann er genau feststellen, welche Krankheit du hast. Mit dem Stethoskop hört er Herz und Lunge ab. In der Apotheke tauschst du ein Rezept gegen Medikamente ein, die der Arzt dir verschrieben hat. Sie helfen dir schnell wieder gesund zu werden.

Der Körper erinnert sich

Einige Kinderkrankheiten wie die Windpocken sind sehr ansteckend. Du kannst sie zum Glück aber nur einmal bekommen!

Der Körper erkennt den Virus wieder und kann sich so schützen.

Das Gehirn speichert Informationen im Gedächtnis.
Das Gedächtnis kann man trainieren!
Dank ihm kannst du sprechen, lernen und träumen.
Erfahrungen, die du gemacht hast, helfen dir Gefahren abzuschätzen und Unfälle zu vermeiden.

Schon gewusst?

👁 Der Körper besteht zu mehr als der Hälfte aus Wasser. Deshalb ist es ganz wichtig, jeden Tag viel zu trinken!

👁 Manche Menschen sind farbenblind und können Farben nur schlecht unterscheiden. Einige verwechseln Rot und Grün.

👁 Mit unserer Stimme können wir einen so hohen Ton erzeugen, dass sogar Gläser zerspringen.

👁 Die Ohren sorgen dafür, dass wir unser Gleichgewicht halten können. Sie zeigen dem Körper an, ob er aufrecht, schief oder auf dem Kopf steht.

👁 Antibiotika sind Medikamente, die bestimmte Krankheitserreger bekämpfen.

So funktioniert

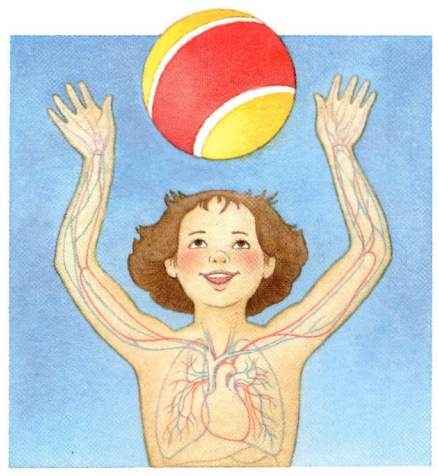

der Körper

Essen ist lebenswichtig

Aus der Nahrung, die du isst, gewinnt dein Körper Energie. Je nach Land sind die Lebensmittel unterschiedlich. Die Verdauung funktioniert jedoch bei allen Menschen auf die gleiche Art und Weise.

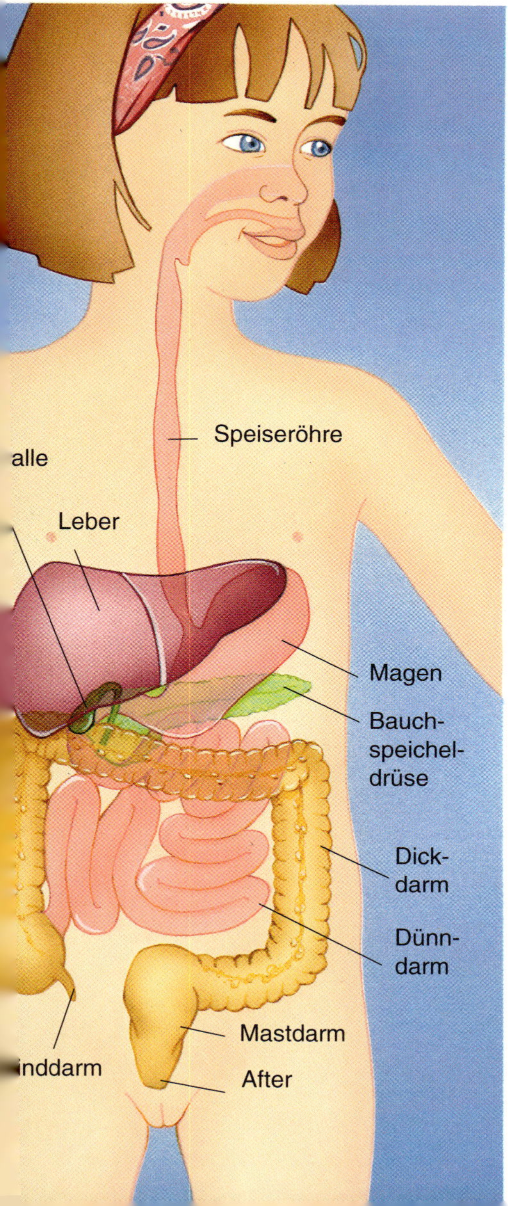

Die zerkaute Nahrung gelangt durch die Speiseröhre in den Magen, wo sie weiter zersetzt wird. Vom Darm aus gelangen die Nährstoffe ins Blut, Unverdauliches wird als Urin und Kot ausgeschieden.

- Speiseröhre
- alle
- Leber
- Magen
- Bauch-speicheldrüse
- Dickdarm
- Dünndarm
- Mastdarm
- inddarm
- After

Zähne sind zum Kauen da

Durch das Kauen bereitest du die Nahrung für die Verdauung vor. Die Zähne haben dabei je nach Form und Stellung im Mund unterschiedliche Aufgaben.

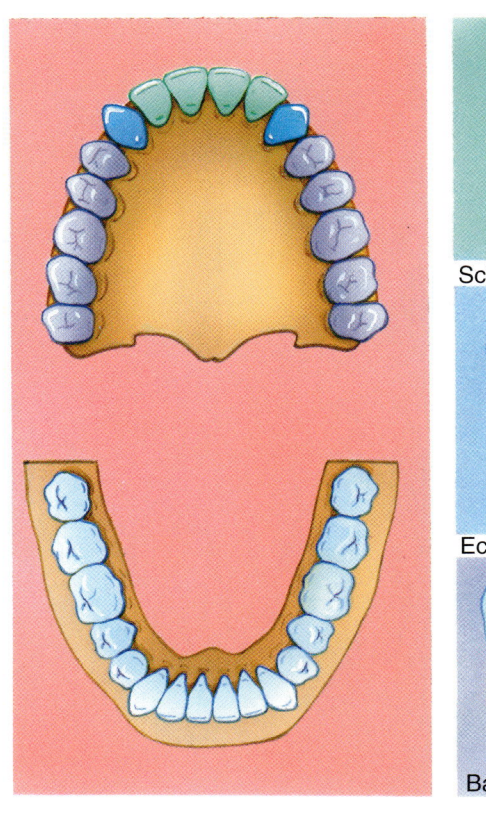

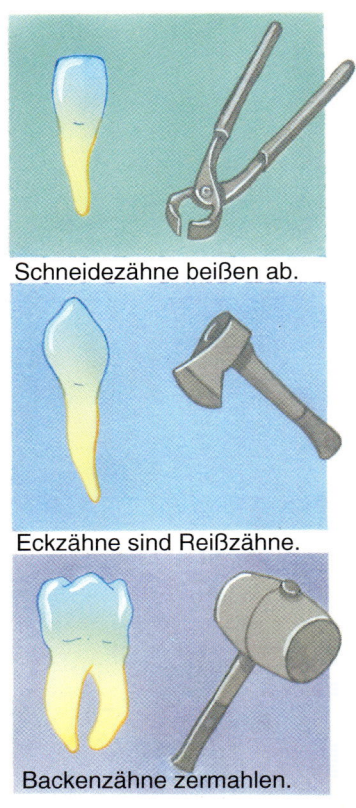

Schneidezähne beißen ab.

Eckzähne sind Reißzähne.

Backenzähne zermahlen.

Die Zähne sind im Kiefer verankert. Unter dem schützenden Zahnschmelz liegt das Zahnbein. Im Innern des Zahns ist der empfindliche Nerv verborgen.

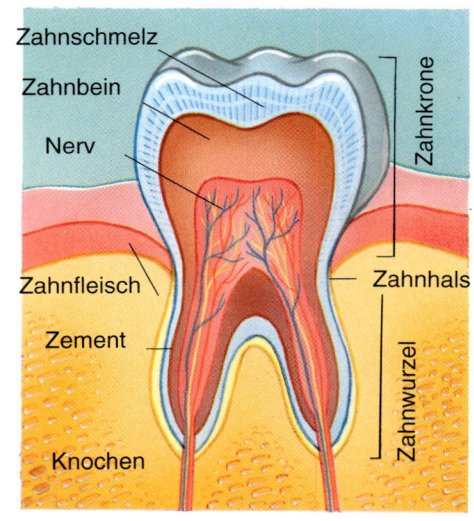

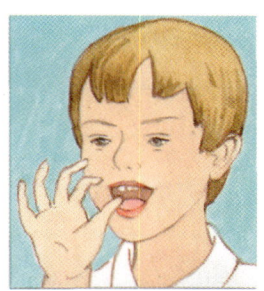

Mit ungefähr sechs Jahren beginnen die Milchzähne zu wackeln und auszufallen. Neue Zähne füllen die Lücken. Sie sind größer und sollen dein ganzes Leben lang an ihrem Platz bleiben!

Zahnpflege

Der Zahnarzt untersucht deine Zähne. Wenn du ein Loch (Karies) hast, bohrt er es sauber aus und füllt es mit einer Plombe.

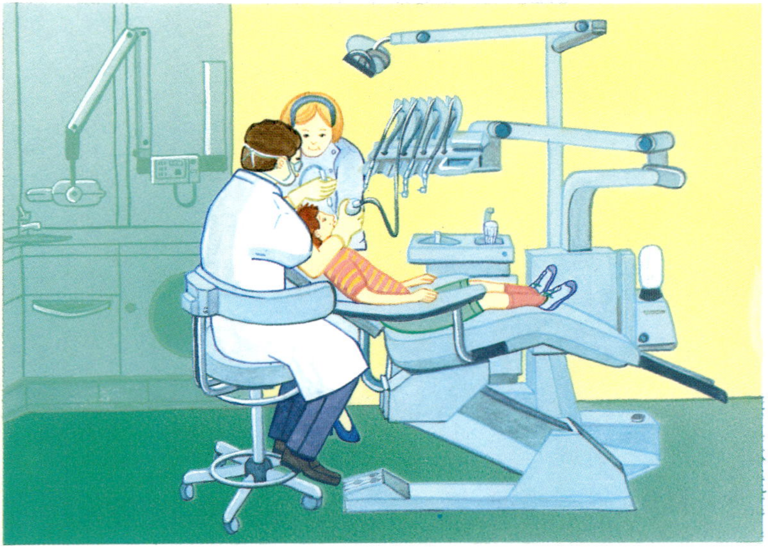

Zahnlücken und schiefe Zähne werden mit einer Zahnspange korrigiert.

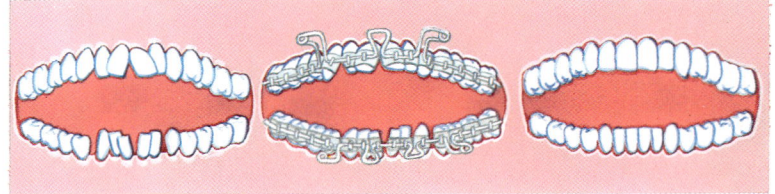

Nach jedem Essen
Zähneputzen nicht
vergessen! Am besten
drei Minuten lang!

Du bürstest immer
vom Zahnfleisch in
Richtung Zähne.
Da hat Zahnbelag
keine Chance!

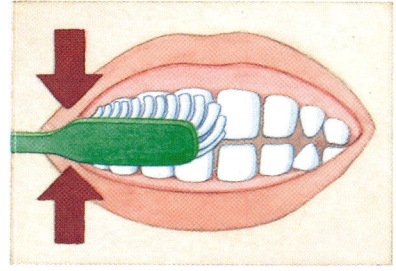

Mit kreisenden
Bewegungen putzt
du die Innenseite
und die Außenseite
der Zähne.

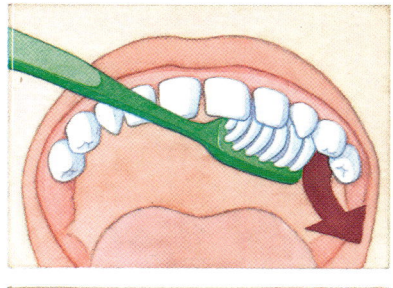

Jetzt oben bürsten,
dann ausspülen!
Zu viele Süßigkeiten
verursachen Karies!

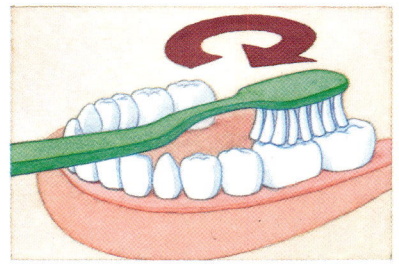

Der Blutkreislauf

Das Blut fließt durch die Arterien (rot) und die Venen (blau).

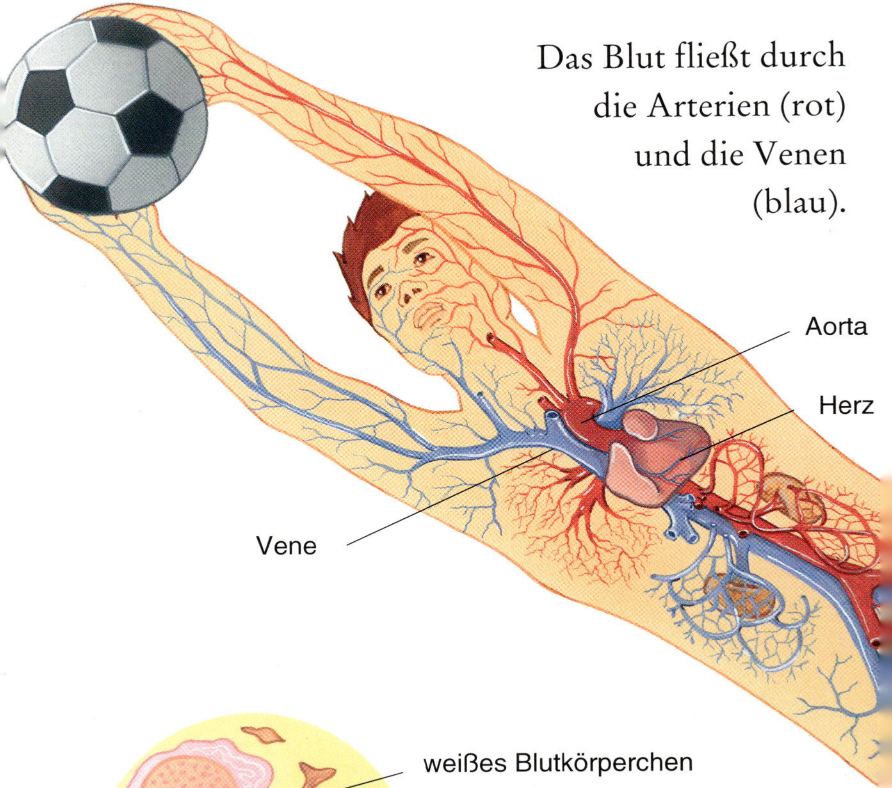

Aorta

Herz

Vene

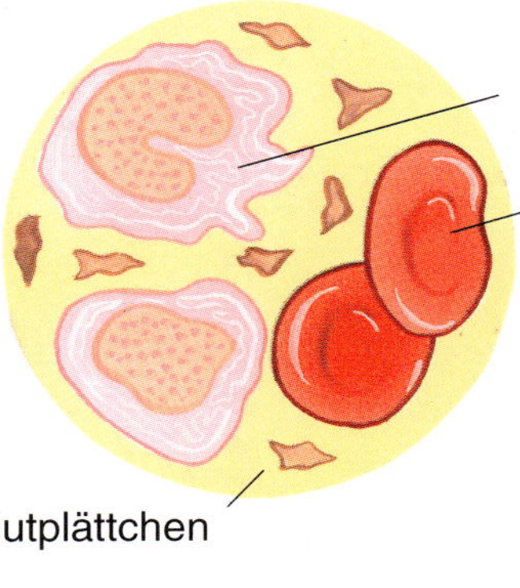

weißes Blutkörperchen

rotes Blutkörperchen

Blutplättchen

Blut besteht aus Blutplättchen sowie roten und weißen Blutkörperchen. Es transportiert Nähr- und Abwehrstoffe.

Das Herz ist ein hohler Muskel. Es pumpt das Blut durch den Körper.

Solange wir leben, schlägt es ohne Unterbrechung. Bei Anstrengung schlägt es schneller.

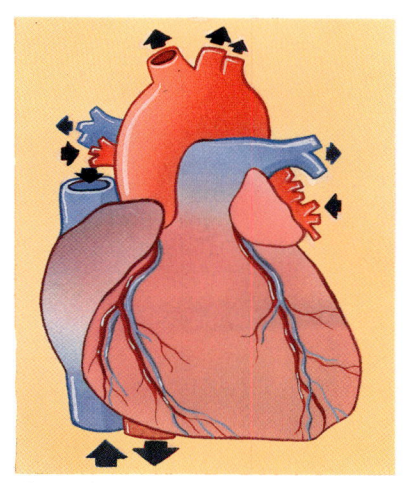

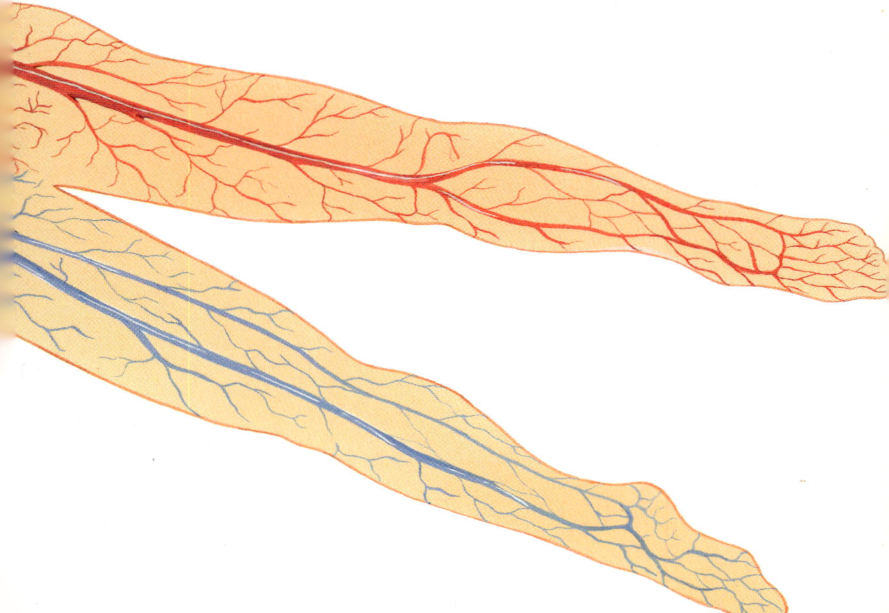

Die Atmung

Die Atmung besteht aus zwei Phasen:
Beim Einatmen füllt sich die Lunge mit Luft.
Beim Ausatmen strömt die Luft wieder heraus.

Zum Atmen brauchen
wir Luft. Unter Wasser
kann man nur mit
Schnorchel atmen.

Luft wird durch
Nase oder Mund
eingeatmet.

Einatmen

Sie bringt Sauerstoff
in die Lunge.

Luftröhre

Lungenflügel

Zwerchfell

Ausatmen

In der Lunge nimmt
das Blut Sauerstoff
auf und gibt
Kohlendioxid ab.

Hier findet der
Austausch zwischen
Blut und Luft statt.

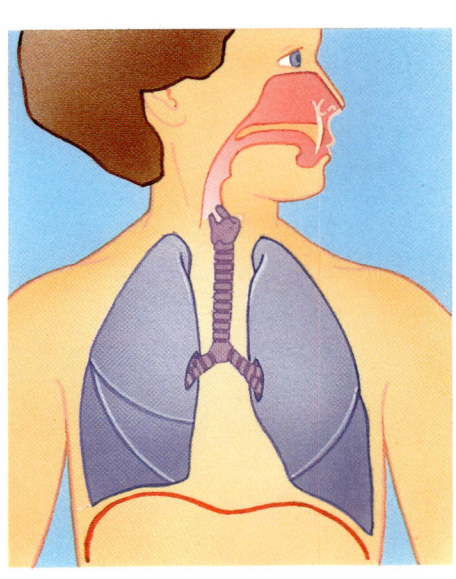

Frau und Mann

Frau und Mann unterscheiden sich durch ihre Geschlechtsorgane. Diese dienen der Fortpflanzung. Frauen haben zwei Eierstöcke mit Eileiter, eine Gebärmutter und eine Scheide.

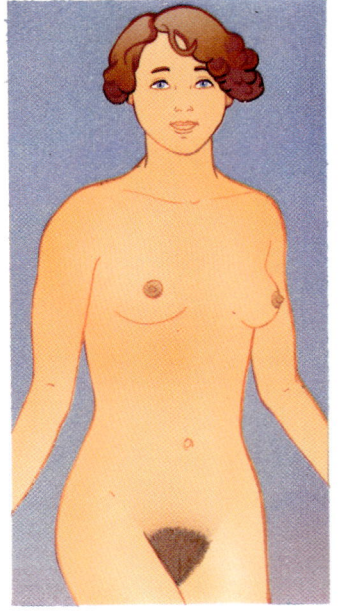

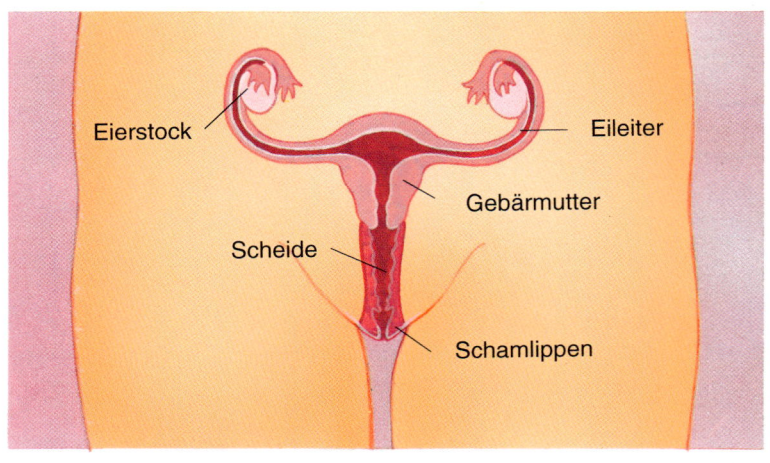

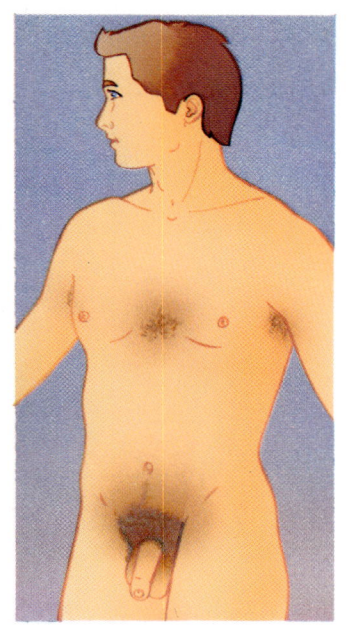

Männer haben einen Penis und einen Hodensack mit zwei Hoden.

Erst in der Pubertät entwickeln sich die Geschlechtsorgane voll. Vor dieser Geschlechtsreife können Männer und Frauen noch keine Kinder zeugen.

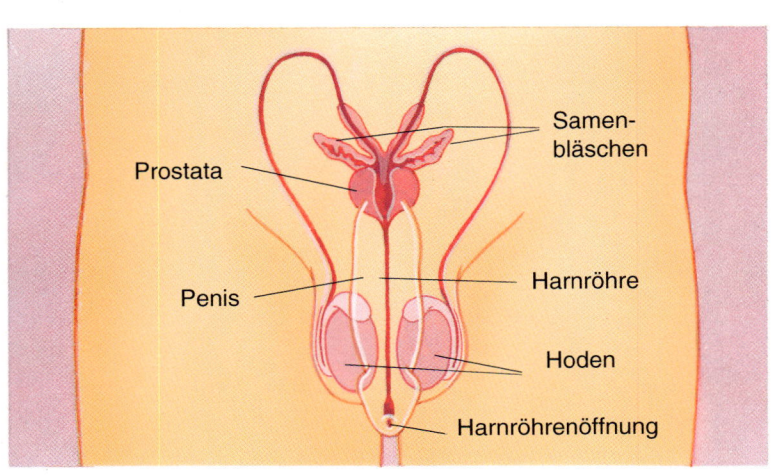

Körperausscheidungen

Giftstoffe im Körper können auf verschiedenen Wegen ausgeschieden werden: durch die Lunge, den Darm, die Nieren oder über die Haut.

Pausenlos fließt Blut durch die Nieren. Dort wird es von Salzen und anderen schädlichen Stoffen gereinigt, die sich als Urin in der Harnblase sammeln.

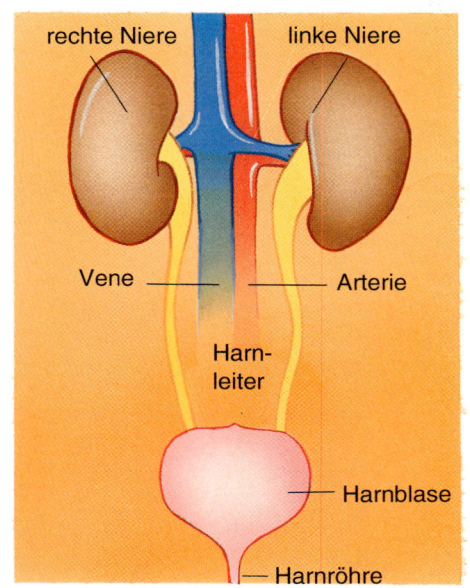

Wenn die Harnblase voll ist, musst du Pipi. Damit die Nieren richtig arbeiten können, solltest du viel Wasser trinken.

Das Nervensystem

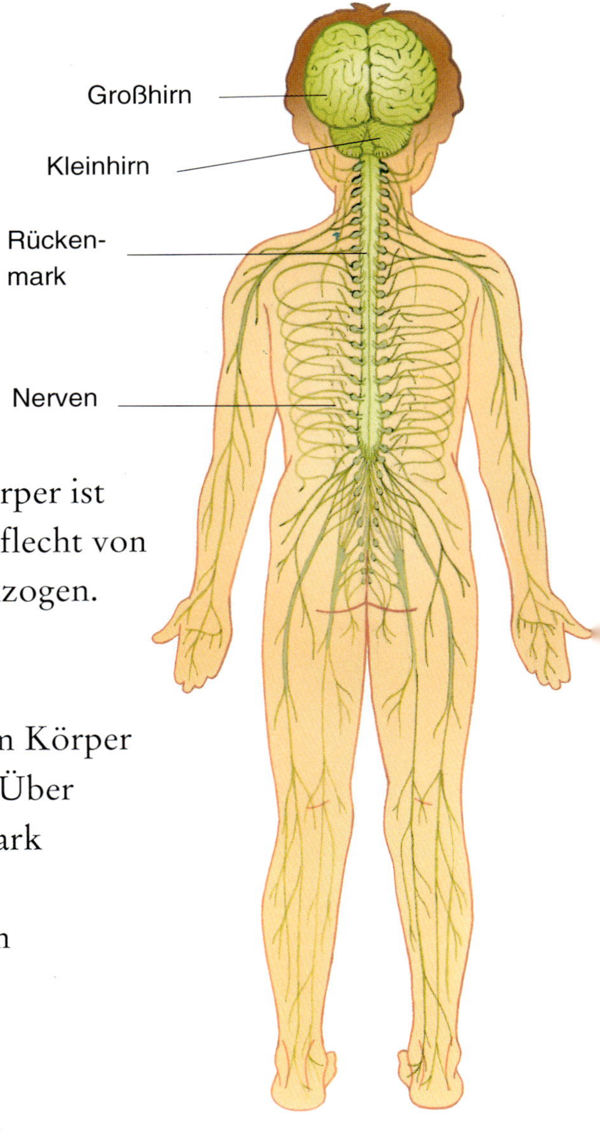

- Großhirn
- Kleinhirn
- Rückenmark
- Nerven

Der ganze Körper ist von einem Geflecht von Nerven durchzogen.

Die Nerven übermitteln im Körper Nachrichten. Über das Rückenmark gelangen die Informationen schnell ins Gehirn.

Das Gehirn wertet die Informationen aus und steuert die entsprechenden Reaktionen. Deswegen kannst du laufen und sehen.

Die Nerven signalisieren Schmerz.
Reaktion: Du zuckst zurück!

Schon gewusst?

Jeder Bissen durchwandert mehrere Meter Darm und braucht acht bis vierundzwanzig Stunden, um verdaut zu werden.

Nicht jeder hat dasselbe Blut. Man unterscheidet vier Blutgruppen: A, B, AB und 0. Die Blutgruppe wird durch einen Bluttest bestimmt. Ideale Blutspender sind Menschen mit der Gruppe 0: Ihr Blut verträgt sich mit allen anderen Blutgruppen.

Der Körper hat fünf bis sechs Liter Blut.

Es ist unmöglich, beim Niesen die Augen offen zu halten. Die Luft fährt mit 160 km/h aus der Nase.

Schluckauf entsteht durch eine Reizung des Zwerchfells beim Atmen.

Enorm

in Form!

 # Schlafen

Während du schläfst, ruht sich dein Körper aus und sammelt Kraft. Atmung und Pulsschlag verlangsamen sich.

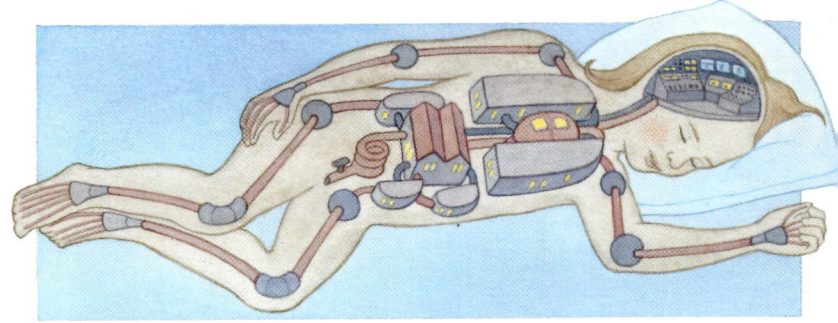

Beim Schlafen verarbeitet dein Gehirn die Eindrücke und Erlebnisse des Tages.

Du reibst dir die Augen und gähnst – Zeit, ins Bett zu gehen! Du bewegst dich beim Schlafen: Ohne es zu merken, änderst du mehrmals in der Nacht die Schlafstellung.

Fünf- bis achtjährige Kinder brauchen etwa zwölf Stunden Schlaf pro Nacht.

Traum oder Alptraum

Beim Schlafen träumst du viel. Dabei verarbeitet das Gehirn Gefühle und Erlebnisse des vergangenen Tages. Beim Aufwachen sind die Träume oft vergessen.

Wenn du schlecht träumst, hast du Alpträume.
Alpträume spiegeln oft Ängste oder unglückliche
Augenblicke wieder, die du wirklich erlebt hast.
Manchmal sind diese Träume so schrecklich, dass
du wach wirst.

 # Sport

Beim Sport ist voller Körpereinsatz gefordert!
Sport trainiert deinen Körper und zeigt dir,
zu welchen Leistungen du fähig bist.
Außerdem macht die Bewegung Spaß!

Konzentration und Rücksicht auf andere sind wichtig beim Sport! Wenn du regelmäßig Sport treibst, ist dein Körper weniger anfällig für Krankheiten und du hast bald mehr Ausdauer.

Gesunde Ernährung

Der Körper gewinnt aus der Nahrung die Nährstoffe, die wir zum Leben brauchen. Für dein Wohlbefinden ist es deshalb wichtig, dass du ausgewogen und regelmäßig isst und genug Wasser trinkst.
Die Ernährungswissenschaft unterscheidet drei Gruppen von Lebensmitteln. Der Körper verwertet sie auf verschiedene Weise.

Eiweiße (Proteine) bauen die Körpermuskulatur auf.

Kohlenhydrate (Stärke)
sind die Energielieferanten
für den Körper.

In Form von Fett speichert
der Körper Energie.
Auch für das Gehirn
ist Fett wichtig.

☺ # Vitamine

Sechs wichtige Vitamine in Lebensmitteln:

VITAMIN A
für die Augen
und die Haut

VITAMIN B
für die Verdauung

VITAMIN C
für die Abwehrkräfte

Vitamine sind lebenswichtig. Da der Körper sie nicht selbst bilden kann, muss man sie über die Nahrung aufnehmen.

VITAMIN D
für das Wachstum

VITAMIN E
hält dich jung

VITAMIN K
für die Blutgerinnung
bei Wunden

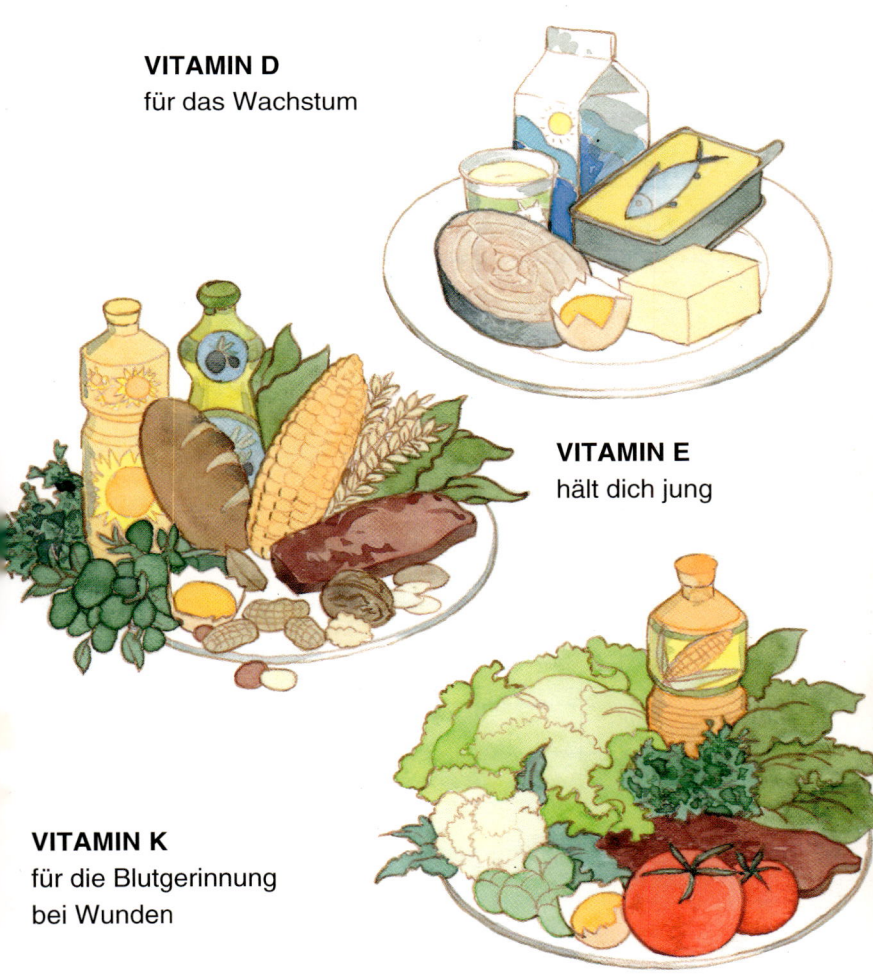

☺ Körperpflege

Waschen und Körperpflege sind wichtig. Du riechst danach nicht nur gut, sondern verringerst auch das Risiko, krank zu werden. So werden z. B. beim Händewaschen mit Seife Bakterien weggespült.

Kalt duschen ist sehr erfrischend. Ein heißes Bad entspannt die Muskeln. Schmutzige und verschwitzte Wäsche solltest du wechseln.

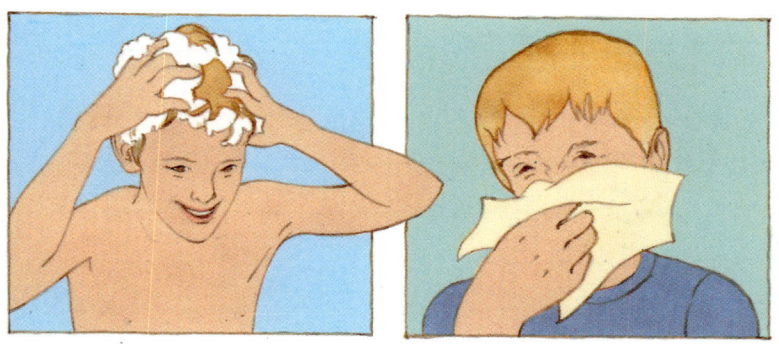
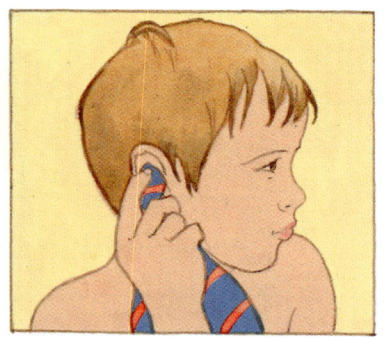
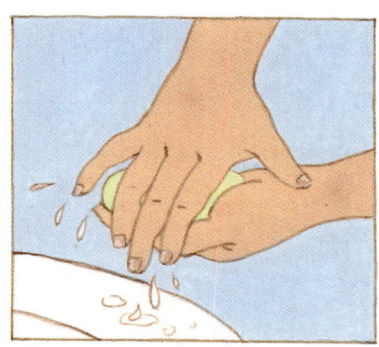
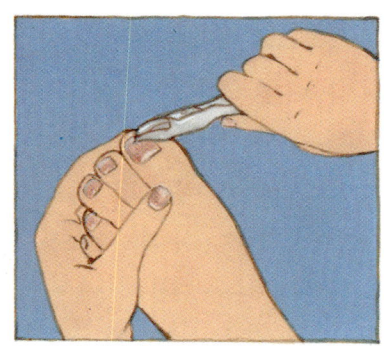

Zur Körperhygiene gehören auch Haare waschen, Nägel schneiden, Zähne putzen und Ohren reinigen.

Kleidung und Aussehen

Kleider halten den Körper warm. Sie schützen ihn wie eine zweite Haut vor Kälte, Hitze oder Verletzungen. Knieschützer und Helm verringern die Verletzungsgefahr beim Sport.

Jeder Mensch hat seinen eigenen Geschmack:
Haarschnitt, Kleidung, Schminke oder eine
Krawatte – erlaubt ist, was gefällt.

Liebe und Freundschaft

Liebe, Freundschaft, Anerkennung und gegenseitiger Respekt machen das Leben erst lebenswert.

Menschen brauchen Gesellschaft.

Manchmal können schon ein Lächeln, eine gereichte Hand oder eine nette Berührung die Welt verändern!

Schon gewusst?

☺ Viele Redewendungen spielen auf den menschlichen Körper an. Zum Beispiel bedeutet »die Augen offen halten« aufmerksam zu sein. Hier findest du noch weitere Beispiele:

☺ Wenn du Hunger hast, hängt dir sprichwörtlich der »Magen in den Knien«.

☺ Wenn du Angst hast, »rutscht dir das Herz in die Hose« oder es »stehen dir die Haare zu Berge«.

☺ Jemandem »die Daumen drücken« bedeutet ihm Glück zu wünschen.

☺ Nichts tun heißt »keinen Finger rühren«.

Von A bis Z

Alptraum 102
Antibiotikum 80
Apotheke 77
Arm 22–23
Arzt 35, 44, 49, 77
Atmung 90–91
Auge 11, 47, 68–69, 70–71, 80
Augenarzt 71
Augenhöhle 69
Augenlid 69
Ausatmen 90–91
Ausscheidung 38, 39, 83, 94–95
Australopithecus 18

Baby 43, 44, 45, 46–47, 48–49, 50–51
Backenzahn 84
Bakterium 76, 110
Bauch 43, 48–49
Bauchnabel 49
Bein 22–23
Bewegung 36, 104
Blase 95
Blind 65, 71
Blindenschrift, s. Brailleschrift
Blindenstock 71
Blut 39, 83, 88–89, 91, 95, 98, 109
Blutgerinnung 109
Blutgruppe 98
Blutkörperchen 88
Blutplättchen 88
Brailleschrift (Blindenschrift) 65
Brille 70–71
Bruder 13

Darm 39, 83, 94
Doppelgänger 20

Eckzahn 84
Eierstock 92
Eileiter 92
Einatmen 90–91
Eiweiß (Protein) 106
Eizelle 43, 45, 46
Ellenbogen 32
Eltern 50

Embryo 46
Energie 82, 107
Entbindungsstation 48
Entwicklungsgeschichte 18
Erwachsener 19, 40, 54–55, 56
Evolution, s. Entwicklungsgeschichte

Familie 12–13, 55
Farbe 68, 80
Farbenblindheit 80
Fett 107
Fieber 76
Fingerabdruck 27
Fingernagel 29, 58, 111
Fortpflanzung 92
Fötus 46, 58
Frau 42, 92
Frauenarzt 44
Frühgeschichte 19
Fuß 58

Gänsehaut 28
Galle 39
Gebärmutter 43, 92
Geburt 48–49
Gedächtnis 79

Gehirn 36–37, 58, 61, 63, 65, 66, 79, 96–97, 100, 102, 107
Gehörknöchelchen 61
Geruch 50, 62–63
Geschlecht 10, 42, 44–45, 92
Geschlechtsorgan 92–93
Geschmack 66
Geschmacksknospe 66
Gestik 75
Gewicht 10
Gipsverband 35
Gleichgewicht 36, 80
Größe 10, 58

Haar 10, 29, 111, 113
Hals-Nasen-Ohren-Arzt 63
Harnblase, s. Blase
Haut 24–25, 26–27, 64–65, 108
Hautfarbe 10
Hebamme 49
Herz 38–39, 76, 77, 88–89
Hoden 93
Husten 76

Impfung 51
Iris, s. Regenbogenhaut

Jugendlicher 52, 54
Junge 44, 54

Karies 86, 87
Kehle 72
Kehlkopf 73
Keratin 29
Kiefer 85
Kind 19, 42, 52–53, 58, 93, 101
Kleinhirn 36
Knie 34, 112
Knochen 30, 32–33, 34–35, 40
Knorpel 32
Krankheit 51, 76–77, 78, 110
Kohlenhydrat (Stärke) 107
Kontaktlinse 71
Kopf 22–23
Körperausscheidung 94–95
Körperbehaarung 28–29
Körperhygiene 22, 110–111
Körpertemperatur 76, 112

Leber 39
Lippe 11
Luft 39, 73, 90–91, 98
Lunge 39, 73, 90–91, 94

Mädchen 44, 54
Magen 39, 83
Mama, s. Mutter
Mann 42, 93
Medikament 77, 80
Milch 20
Mund 72, 84, 91
Muskel 28, 30–31, 39, 40, 69, 89
Mutter 20, 43, 44, 46–47, 48, 50

Nabel, s. Bauchnabel
Nabelschnur 46, 49
Nahrung 82–83, 84, 106–107
Nase 11, 32, 62–63, 91, 98
Nerv 61, 63, 96–97
Netzhaut 69, 71
Niere 39, 94–95

Oberkörper (Rumpf) 22–23
Ohr 11, 60, 63, 80, 111
Ohrmuschel 61
Organ 32, 38–39, 94

Penis 93
Persönlichkeit 53

Protein, s. Eiweiß
Pubertät 54, 93
Pupille 70–71

Reflex 97
Regenbogenhaut (Iris) 70
Rezept 97
Riechen 62–63
Röntgen 35
Rückenmark 96
Rumpf, s. Oberkörper

Salz 95
Sauerstoff 39, 91
Scheide 92
Schlaf 100–101
Schluckauf 98
Schmerz 64, 66, 76, 97
Schneidezahn 84
Schulter 34
Schwangerschaft 43, 46–47, 58, 62
Schweiß 94
Schwester 13
Sehen 68–69, 70–71, 108
Skelett 32–33
Sonnenbrand 24

Speiseröhre 83
Sperma 43
Sport 31, 53, 104, 112
Sprechen 72–73
Stammbaum 13
Stärke, s. Kohlenhydrat
Steißbein 40
Stethoskop 77
Stimmband 73
Stimme 50, 54, 72–73, 80

Tastsinn 64–65
Taubstumm 73
Ton 46, 60–61
Träne 69
Traum 102–103
Trommelfell 61

Ultraschalluntersuchung 44
Urin 39, 95

Vagina, s. Scheide
Verdauung 39, 82–84, 98, 108
Verletzung 24, 76
Virus 76, 78
Vitamin 108–109

Wachstum 33, 40, 109
Wasser 80, 95, 106
Wehen 48
Windpocken 78
Wirbelsäule 32, 34, 40
Wunde 25
Wurzel 28, 85

Zahn 84–87
Zahnarzt 86
Zahnbein 85
Zahnfleisch 85, 87
Zahnnerv 85
Zahnschmelz 85
Zelle 20, 43
Zunge 66–67
Zwilling 13, 20, 45